Thomas Grüner

Die kleine Elternschule

HERDER spektrum

Band 6190

Das Buch

Was brauchen Kinder, um glücklich zu sein und zu lebenstauglichen Erwachsenen heranzuwachsen? Angesichts einer Fülle von Erziehungsratgebern und -konzepten scheint diese Frage manchmal gar nicht so leicht zu beantworten. Dabei lässt sich das, was Kinder wirklich brauchen, in Form von fünf Grundbedürfnissen benennen: Orientierung und Sicherheit, Bindung und Beziehung, Einfluss und Raum für Selbständigkeit, Spaß und „Action", Anerkennung und Wertschätzung.

In jedem der fünf Bereiche gilt es die richtige, für Eltern und Kinder passende Balance zu finden: zwischen rigider Grenzziehung und Laisser-faire, zwischen Überbehütung und emotionaler Vernachlässigung, Unter- und Überforderung. Anhand von zahlreichen konkreten Beispielen aus dem Erziehungsalltag erhalten Eltern Anregungen dafür, wie sich dieses Gleichgewicht herstellen lässt. Die Gewichtung der einzelnen Bedürfnisse verändert sich mit dem Heranwachsen der Kinder, und manchmal stehen Bedürfnisse auch gegeneinander, etwa der Wunsch nach Bindung und der nach Selbständigkeit. Der Autor zeigt, wie Eltern mit solchen Bedürfniskonflikten umgehen und zu einer ausgewogenen Erziehung kommen können – auch gegen den Trend einer einseitig freiheits- und spaßbetonten Gesellschaft.

Nicht zuletzt haben auch Eltern Bedürfnisse: Zu wissen, was man selber braucht und dass es hundertprozentige Harmonie zwischen Eltern und Kindern nicht geben kann, entlastet ungemein.

Fünf Wege zu einer guten Erziehung: der Kompass, damit Kinder – und Eltern – bekommen, was sie brauchen.

Der Autor

Thomas Grüner, Dipl.-Psych., Psychotherapeut und Ausbilder für Mediation und Täter-Opfer-Ausgleich. Nach mehrjähriger Tätigkeit im Kinder- und Jugendschutz gründete er das Freiburger Institut für Konflikt-Kultur. Er arbeitet seit Jahren erfolgreich mit Kindern aller Altersstufen und bildet bundesweit Fachkräfte in Konflikt-Kultur® aus; seine Methoden zum sozialen Lernen werden an zahlreichen Schulen angewandt. Daneben leitet er Supervisionsgruppen und Seminare zu Erziehungsfragen. Thomas Grüner ist Vater eines Sohnes.

Thomas Grüner

Die kleine Elternschule

Was Kinder stark und glücklich macht

Unter Mitarbeit von Pia Haferkorn

HERDER

FREIBURG · BASEL · WIEN

Neuausgabe 2010

© Verlag Herder GmbH, Freiburg im Breisgau 2005
Alle Rechte vorbehalten
www.herder.de

Umschlagkonzeption und -gestaltung:
R·M·E Eschlbeck / Hanel / Gober
Umschlagmotiv: © Wojciech Gajda – Fotolia.com
Foto: © privat

Herstellung: fgb · freiburger graphische betriebe
www.fgb.de

Gedruckt auf umweltfreundlichem,
chlorfrei gebleichtem Papier
Printed in Germany

ISBN 978-3-451-06190-5

Für

Michel, Julius und Lilli

Inhalt

Vorwort

Liebe Leserin, lieber Leser,

Wer sich heute in Erziehungsfragen Rat holen möchte, kommt häufig vom Regen in die Traufe. Eine unüberschaubare Zahl von Erziehungsratgebern hat aus der Wahl längst eine Qual gemacht. Hinzu kommen widersprüchliche Erziehungsbotschaften. Während der eine Ratgeber behauptet, „Kinder brauchen gute Eltern", fordert der andere „Kinder brauchen böse Eltern". Viele Eltern sind am Ende unsicherer als zuvor und kommen vielleicht zu dem resignierenden Schluss: „Wer nicht erzieht, macht auch nichts falsch!"

Mit dem vorliegenden Buch wird Eltern und allen, die an Erziehungsfragen interessiert sind, eine **Orientierungshilfe** angeboten. Ausgehend von den fünf Grundbedürfnissen nach Sicherheit, Liebe, Freiheit, Spaß und Anerkennung wird ein Erziehungsmodell vorgestellt, das einerseits überschaubar ist und doch der komplexen Aufgabe Erziehung gerecht wird.

Das Modell der **bedürfnisorientierten Erziehung** wurde aus der Praxis heraus entwickelt und hat sich seit Jahren in der Arbeit mit Eltern, Kindergärten, Kindertagesstätten, Schulen, Schülerhorten, Heimen und Jugendhäusern bewährt. Es ist die Grundlage des erfolgreichen Fortbildungsprogramms „Konflikt-Kultur – Soziale Kompetenz und Prävention", das an vielen Einrichtungen in ganz Deutschland für einen erfolgreichen Erziehungsalltag sorgt.

Viele Kinder und Erwachsene haben uns durch ihre Offenheit inspiriert und mit ihren Ideen und ihrem Engagement zu diesem Buch beigetragen. Bei ihnen wollen wir uns an dieser Stelle bedanken.

Wir verstehen das vorliegende Buch als Einladung zum Nachdenken über Erziehung, zum Austausch über Erziehung und zur Auseinandersetzung über Erziehung. Es lässt Spielräume zu, ohne beliebig zu werden. Wir wünschen allen Leserinnen und Lesern viel Erfolg bei der spannendsten Herausforderung des Lebens – der Begleitung unserer Kinder.

Thomas Grüner   *Pia Haferkorn*

Aller guten Dinge sind …?
Grundbedürfnisse in der Erziehung

Wieder einmal ist Ihre Tochter oder Ihr Sohn gerade dann am muntersten, wenn es Zeit ist, ins Bett zu gehen. Aber alles Quengeln und Verhandeln hilft nicht. Sie bleiben standhaft. 30 Minuten später schlummert Ihr Kind friedlich im Bett. Ein zufriedenes Gefühl macht sich breit. Ihr Kind hat bekommen, was es Ihrer Meinung nach braucht.

Viele Male am Tag müssen Eltern Entscheidungen darüber treffen, was Sie von ihren Kindern einfordern und was sie ihnen geben. Hinter jeder dieser Entscheidungen steht eine Annahme darüber, was Kinder brauchen. Hinter jeder erzieherischen Handlung steht eine Vermutung über kindliche Bedürfnisse. Viele Male am Tag beantworten Eltern durch ihr Erziehungsverhalten die Frage: *„Was braucht mein Kind?"*

> Hinter jeder erzieherischen Handlung steht eine Vermutung über kindliche Bedürfnisse

Wer glaubt, dass ein Kind gute Tischmanieren braucht, wird einschreiten, wenn es am Tisch laut rülpst. Wer glaubt, dass das Frühstück die wichtigste Mahlzeit des Tages ist, wird sein Kind nicht ohne Frühstück aus dem Haus lassen. Wer glaubt, dass Kinder viel Schlaf brauchen, wird dafür sorgen, dass sein Kind früh ins Bett geht. Die Summe all dieser täglichen Antworten ist Erziehung. Erziehen heißt, von einem Kind das zu verlangen und ihm das zu geben, wovon man glaubt, dass es wichtig sei.

Das hört sich leichter an, als es ist. Denn hier stellen sich einige Fragen:

1. Sind Sie sich Ihrer alltäglichen Erziehungsentscheidungen **bewusst**? Wie vieles davon läuft „vollautomatisch" und unbewusst ab? Haben Sie Ihre eigenen, bewusst gewählten Annahmen über die Bedürfnisse von Kindern, oder haben Sie sie unbesehen und unhinterfragt von den eigenen Eltern, der öffentlichen Meinung usw. übernommen?

2. Sind Sie sich Ihrer Entscheidungen wirklich **sicher**? Oder sorgen manche dieser Entscheidungen für Selbstzweifel und Verunsicherung: Ist das, was ich von meinem Kind verlange und ihm gebe, wirklich gut? Woher weiß ich, was wichtig für mein Kind ist? Wem soll ich glauben? Die einen sagen, Kinder bräuchten mehr Freiheiten, die anderen fordern mehr Grenzen. Die einen warnen vor den Zurichtungen der Leistungsgesellschaft, die anderen vor der Spaßgesellschaft. Die einen beklagen überbehütete Kinder, die anderen vernachlässigte. Die einen sehen die Verwöhnungsfalle zuschnappen, die anderen die Überforderungsfalle. Die einen behaupten, dass Eltern kaum einen Einfluss auf die kindliche Entwicklung haben, die anderen fordern Eltern dazu auf, mehr Zeit mit den Kindern zu verbringen.

3. Was braucht Ihr Kind, um sich **positiv** zu entwickeln? Lange Zeit hatte sich die Forschung darauf konzentriert, was Kinder krank und schwierig macht, anstatt Antworten auf die Frage zu geben, was sie stark und glücklich macht. Das „Problemkind" vom Bettnässer bis zum Zappelphilipp steht häufig im Mittelpunkt. Mit der Folge, dass sich der Blick auf das Negative richtet und Erziehung als „Gefahrenabwehr" verstanden wird.

Im Folgenden möchten wir diese Fragen beantworten und

1. dazu beitragen, dass Sie Ihre Erziehungsentscheidungen bewusst treffen,
2. Ihnen Orientierungshilfen für Ihre Entscheidungen geben und Sie in der Erziehung sicherer machen und
3. uns auf die Frage konzentrieren, was Kinder stark und glücklich macht.

Zunächst werden fünf Bedürfnisse beschrieben, die jedes menschliche Verhalten bestimmen. Es handelt sich um die Bedürfnisse nach Sicherheit, Liebe, Freiheit, Spaß und Anerkennung. Die Herausforderung der Erziehung besteht in der angemessenen und ausgewogenen Erfüllung dieser Grundbedürfnisse.

Ich gebe dir Halt!
Sicherheit – Orientierung – Struktur

Wenn ein Kind auf die Welt kommt, verfügt es bereits über eine beachtliche Anzahl von „Werkzeugen", um seine Welt sicher zu machen. Es schreit, wenn es Hunger, Kälte, Schmerz oder andere unangenehme Zustände spürt und signalisiert damit, dass es ernährt, bekleidet und beschützt werden möchte. Schutz und Nahrung *halten* es am Leben.

Das Ungeborene kann im Chaos der Sinneseindrücke Muster und Strukturen erkennen und so beispielsweise die Stimme und den Geruch der Mutter von anderen Stimmen und Gerüchen unterscheiden. Das Erkennen von Unterschieden ermöglicht Orientierung. Der Säugling kann sich an die Stimme und an den Geruch der Mutter „halten".

Auch wenn ein Kind durch irgendetwas beunruhigt ist, schreit es. Mütter und Väter auf der ganzen Welt tun dann automatisch das, was Kinder am besten beruhigt. Sie *halten* und schaukeln ihr Kind. Halten und Schaukeln beruhigt, weil es dem Körper spürbare und damit sichere Grenzen setzt und weil es sich in rhythmischer Regelmäßigkeit wiederholt.

Später beruhigen sich die Kinder durch andere Formen des Haltens und Schaukelns: Durch Rituale, die sich wiederholen, durch rhythmische Bewegungen und rhythmische Musik, durch einen regelmäßigen Tages-, Wochen- und Jahresablauf und durch Traditionen und Gebräuche. **Kinder finden nicht nur durch spürbare körperliche Grenzen zur Ruhe, sondern auch durch Verhaltensgrenzen.** Mit zunehmendem Alter wird es immer wichtiger, dass unsozialem und destruktivem Verhalten spürbar Grenzen gesetzt werden, d. h., dass sich Kinder richtig *ver-halten* und dass sie sich an Regeln *halten*. Denn auch die Fähigkeit, zwischen erlaubtem und unerlaubtem Verhalten zu unterscheiden, gibt Kindern eine wichtige Orientierungshilfe. Dieses Wissen wird zum Ge-wissen. Nur wenn Kinder zunächst von außen Grenzen gesetzt bekommen, sind sie später in der Lage, sich selbst Grenzen zu setzen. Nur wenn Kinder in den ersten Jahren von Erwachsenen davor zurückgehalten werden, sich destruktiv und unsozial zu verhalten, können sie sich später selbst *zurück-halten*. Diese Fähigkeit zur Selbstregulation, zur Selbstkontrolle, zur Selbstbegrenzung und zur Selbstbeherrschung ist eine wichtige Voraussetzung für das Erwachsenwerden und zusammen mit dem Einfühlungsvermögen das wichtigste Merkmal sozialer und emotionaler Reife. Je länger damit gewartet wird, Kindern stabile Grenzen zu setzen, umso schwieriger wird es. Kinder brauchen Halt. Halt ist die Voraussetzung für Haltung. **Nur wenn Eltern Ihren Kindern Halt geben, können diese die Halt-ungen erwerben, die für ein gelingendes Leben wichtig sind.**

Das Bedürfnis der Kinder nach Regeln und Grenzen, können Eltern optimal befriedigen, indem sie
– ihre Erwartungen an die Kinder sprachlich klar kommunizieren,
– die Gefühle ihrer Kinder aushalten,
– ihre Versprechen gegenüber den Kindern einhalten.

1

Wann immer Eltern von ihren Kindern ein bestimmtes Verhalten einfordern, eine Verhaltensregel aufstellen oder etwas verbieten, hängt der Erfolg von der sprachlichen Klarheit ab. **Je eindeutiger und überprüfbarer Sie eine Verhaltenserwartung formulieren, umso klarer wissen die Kinder, was von ihnen erwartet wird und umso besser können sie sich daran halten.**

> Formulieren Sie Verhaltenserwartungen eindeutig und überprüfbar

Beispiel 1:
Ihr Sohn oder Ihre Tochter benimmt sich daneben. Sie ärgern sich und fordern Benehmen ein: „Jetzt benimm dich doch mal anständig!" Aber was ist „anständig"? Bei Elternseminaren gehen die Meinungen darüber, was anständig sei, weit auseinander. Dasselbe gilt für Verhaltensbotschaften wie: „Sei brav, höflich, rücksichtsvoll, freundlich, nett und lieb!" Diese Verhaltenswünsche sind nicht klar definiert und damit auch nicht überprüfbar. Sie selbst als „Sender" einer Verhaltenserwartung wissen natürlich sehr genau, was Sie in diesem Moment mit anständig, höflich usw. meinen und so entsteht das persönliche Gefühl, klar zu kommunizieren. Dies ist jedoch ein Irrtum. Eine Verhaltensanweisung ist nur dann eindeutig und überprüfbar, wenn sowohl der Sender als auch der

Empfänger der Botschaft genau wissen, was damit gemeint ist.

Beispiel 2:
Wenn ich Kinder frage, wofür sie zu Hause am meisten gelobt werden, dann kommt über alle Altersstufen hinweg am häufigsten die Antwort: „Wenn ich aufräume!" Da der Streit ums Aufräumen den Eltern auf Dauer ganz schön auf die Nerven gehen kann, kommt es manchmal zu folgenden oder ähnlichen kleinen „Predigten":
„**Immer** lässt du **alles** herumliegen! **Nie** räumst du auf! Wie kann man nur so **faul** sein! Du könntest in **nächster Zeit eigentlich** auch mal wieder **versuchen,** ein **bisschen ordentlicher** zu **sein!**"
Bei den Worten *immer, alles, nie* kommt von den Kindern zu Recht heftiger Widerspruch, denn natürlich haben sie schon irgendwann einmal aufgeräumt und sie lassen auch nie alles rumliegen. Die meisten Kinder bevorzugen selektive Unordnung. *Faul* ist eine Eigenschaft, kein Verhalten. Einzelne konkrete Verhaltensweisen kann ein Kind ändern, abstrakte Eigenschaften nicht. Wann ist *in nächster Zeit*? Gibt es auch ein un-*eigentlich*? Wenn von einem Kind erwartet wird, dass es etwas ein *bisschen versucht* und es gelingt nicht, kann es sich immer in eine Ausrede flüchten: *„Ehrlich! Ich hab's wirklich ganz arg versucht! Echt!"* Was ist *ordentlich*? Wie kann ich es überprüfen? Ob ein Kind ordentlich *ist*, kann ich nicht wissen. Ich kann sehen, ob es sich ordentlich verhält, nachdem *ordentlich* eindeutig und überprüfbar definiert wurde.

Beispiel 3:
Manche Eltern tun sich schwer damit, klare Verhaltenserwartungen auszusprechen. Sie möchten Kindern nichts befehlen. Sie möchten sich nicht als „Zuchtmeister" fühlen. Sie setzen auf eine demokratische, kooperative und einfühl-

same Ansprache und hoffen auf die Einsicht der Kinder. Und so tasten sie sich vorsichtig an die „heißen Erziehungszonen" heran: „Du, Anna-Maria, möchtest du nicht mal wieder dein Zimmer aufräumen?" Wenn die Tochter ihrem spontanen Bedürfnis folgt, sagt sie kurz und bündig – „Nö!" Dann beginnen die zeitaufwändigen und schweißtreibenden Auseinandersetzungen basisdemokratischer Aushandlungsprozesse. Daran ist nichts falsch. Diesen Luxus können sich allerdings nur Ein-Kind-Familien leisten. Wenn die Tochter bereits in der von den Eltern vorgelebten Kunst der Diplomatie bewandert ist, sagt sie „Ja!" Wenn Sie sich dann später über das unaufgeräumte Zimmer beschweren, könnte es vorkommen, dass Ihnen Ihre Tochter treuherzig in die Augen blickt und sich entrüstet: „Wieso? Ich hab doch aufgeräumt! Du siehst es nur nicht!" Ihre Tochter hat Recht, denn Aufräumen ist ein sehr definitionsabhängiger Begriff und weder eindeutig noch überprüfbar.

Halt, Sicherheit, Orientierung und Struktur bekommt Ihre Tochter, wenn Sie sich in eine ernste Stimmung bringen, sodass die Tochter an Ihren Augen (nicht an ihren Worten) ablesen kann, dass dies kein Spiel ist und wenn Sie dann höchstens eine Armlänge von ihr entfernt (vielleicht sogar in Verbindung mit einer Berührung) und auf gleicher Augenhöhe klar und ruhig z. B. folgenden Satz formulieren: „Anna-Maria, ich möchte, dass du jetzt beginnst, deine Spielsachen aufzuräumen. Die Bauklötze in diese Kiste. Die Puppen in dieses Regal. Und die Tücher in diese Schublade!"

2

Auf diese Verhaltensanweisung reagiert Anna-Maria vielleicht richtig wütend. Das ist ihr gutes Recht. **Kinder haben allen Grund, auf Erwachsene sauer zu sein, die ihnen**

etwas vorschreiben und ihrem Verhalten Grenzen setzen. Diese Wut gipfelt manchmal sogar in dem Ausbruch: „Ich hasse dich!"

Obwohl es nicht so aussieht, erwarten Kinder an dieser Stelle von den Erwachsenen Standfestigkeit. Jetzt steht die Frage im Raum: Hält meine Mama oder mein Papa mich mit meiner ganzen Wut aus, oder bekommen sie Angst und geben nach? Wenn Eltern an dieser Stelle „umfallen", sind sie aus der Sicht der Kinder schwach und erpressbar. Trotz aller Wut wünschen sich Kinder in ihrem Herzen standfeste Erwachsene, die sie mit ihren heftigen Gefühlen *aus-halten*.

An dieser Stelle ist es wichtig, zwischen Gefühlen und Verhalten zu unterscheiden (vgl. dazu auch S. 129). **Alle Gefühle von Kindern sind willkommen und vollkommen in Ordnung. Aber nicht jedes Verhalten.** Ein Kind darf richtig wütend auf die Eltern sein („Du böse Mama! Ich hasse dich!") und motzen („Du bist so gemein!") und sich beschweren („Das ist total ungerecht!") und drohen („Dann hau ich ab!") und erpressen („Dann hab ich dich gar nicht mehr lieb!") und manipulieren („Jetzt bin ich aber traurig!"), aber es darf keine Gewalt anwenden. Es darf nicht schlagen (körperliche Gewalt). Es darf nicht beleidigen (seelische Gewalt). Und es darf nichts wegnehmen oder zerstören (Gewalt gegen Sachen).

> Kinder dürfen wütend auf ihre Eltern sein

Weil Kinder sich häufig so vehement gegen Grenzen und Regeln auflehnen, ist es manchmal schwer zu verstehen, dass wir Kindern damit tatsächlich etwas Gutes tun und ihnen ein wichtiges Bedürfnis erfüllen: Nachdem ich mit einem Team von Lehrerinnen an einer Grundschule auch schon für die Erstklässler ziemlich strenge Regeln eingeführt hatte, beschlich uns die Befürchtung, dass die Kinder uns dafür hassen würden. Um unsere Angst zu überprüfen, fragten wir die Schüler nach einiger Zeit, was sie denn von den Regeln halten würden. Da meldete sich ein Kind und sagte: **„Regeln sind für uns gut, weil dann können wir uns daran halten!"** Dieser Satz zeigt mehr als jede theoretische Erörterung, was Kindern an Regeln gut tut: Regeln geben Halt und Orientierung.

Und am Ende kann es geschehen, dass Anna-Maria ihr Wissen um das richtige Verhalten als große Befriedigung erlebt und eines Tages ganz stolz sagt: „Gell, Mama, wenn ich mit Spielen fertig bin, müssen die Puppen in dieses Regal hier!"

3

Der dritte „Knackpunkt" beim Grenzen setzen besteht darin, dass Eltern Ihre Versprechen *ein-halten*. Die positiven und die negativen. Das Zimmer aufzuräumen ist eine anstrengende Tätigkeit und es gibt wahrscheinlich nur sehr wenige Kinder, die den Tag herbeisehnen, an dem sie mal wieder ihr Zimmer aufräumen dürfen. Damit die Kinder sich trotzdem auf etwas freuen können, dürfen sie nach getaner Arbeit beschenkt werden. Mit Aufmerksamkeit, Lob, Anerkennung, gemeinsam verbrachter Zeit, Erdbeeren mit Schlagsahne usw. Aber nicht nur diese Versprechen müssen eingehalten werden. Wenn ein Kind einer eindeutigen Aufforderung nicht nachkommt, muss es einen Preis dafür bezahlen. Auch das Ankündigen von Konsequenzen für die Missachtung von Verhaltensregeln ist ein Versprechen. Bei Konsequenzen sollten Sie konsequent bleiben. Sonst werden Sie unglaubwürdig. **Sicherheit und Orientierung geben Eltern Ihren Kindern nur, wenn sie glaubwürdig sind.**

> Bei Konsequenzen sollten Sie konsequent bleiben

Neben den lebenserhaltenden Bedürfnissen, den Rhythmen, Ritualen, Tages-, Wochen- und Jahresstrukturen und den Grenzen und Verhaltensregeln gibt es noch einen vierten großen Bereich, der Kindern Sicherheit, Orientierung und Halt gibt: der Bereich der Welterklärungen. Nur wer die Welt, in der er lebt, verstehen und sich darin zurechtfinden kann, fühlt sich darin sicher, kann sich darin orientieren und seine Erfahrungen einordnen. Kinder möchten den Sinn der Dinge verstehen. **Kinder möchten, dass man ihnen die Welt erklärt.** Im Kleinen („Wie funktioniert das?") wie im Großen („Wo war ich, bevor ich in deinen Bauch kam?"). Es geht um Erklärungen, die buchstäblich die Welt *zusammen-halten* und sie sinnvoll machen. Dazu zählt beispielsweise auch die Religion. Und wenn das ständige „Warum?" mal wieder so richtig nervt oder Sie in Erklärungsnot bringt, hilft es vielleicht, daran zu denken, dass die Kinder einfach nur Sicherheit und Orientierung suchen.

Grundvoraussetzung für das Verstehen der Welt sind Sprachverständnis und Erinnerungsvermögen. Nur wer etwas *be-halten* kann, kann es als Orientierungshilfe nutzen. Wie wichtig eine gemeinsame Sprache und das Erinnerungsvermögen für das Gefühl der Sicherheit und Orientierung sind, spüren wir oft erst in einem fremden Land oder wenn wir Erfahrungen mit älteren Menschen machen, deren Erinnerungsvermögen geschwächt ist.

> Wenn Kinder beschützt und ernährt werden, wenn es in ihrem Leben feste Rituale und Strukturen gibt und wenn sie sich an Regeln halten und die Welt verstehen können, dann finden sie die nötige **Sicherheit und Orientierung** in ihrem Leben.

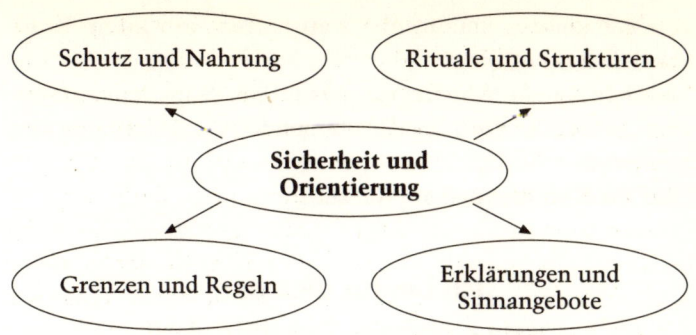

Impulse zum Nachdenken und Diskutieren

Was braucht Ihr Kind, um sich sicher zu fühlen?
Wann reagiert es verunsichert?
Was gibt Ihrem Kind Halt?
Worauf kann sich Ihr Kind verlassen?
Ist Ihr Verhalten berechenbar?

Was ist jeden Tag gleich? Was wiederholt sich regelmäßig?
Was sind die Lieblingsgewohnheiten Ihres Kindes?
Gibt es Rituale? Beispielsweise beim Zubettgehen, beim
Aufstehen, beim Essen, am Sonntag usw.?
Gibt es Familientraditionen und Gebräuche?

Gibt es Familienregeln?
Wo und wann setzen Sie Ihrem Kind Grenzen?

Formulieren Sie Ihre Verhaltenserwartungen eindeutig
und überprüfbar?
Wie verbindlich ist das, was Sie von Ihrem Kind verlangen?
Wie stabil sind die Grenzen, die Sie Ihrem Kind setzen?
Sind Sie Ihrem Kind gegenüber glaubwürdig?

Wie gut können Sie die Angst aushalten, von Ihrem Kind abgelehnt zu werden?
Nehmen Sie die Ablehnung persönlich, reagieren verletzt und „schlagen" zurück oder können Sie die Ablehnung akzeptieren?
Darf Ihr Kind wütend auf Sie sein?

Ich bin für dich da!
Liebe – Nähe – Zugehörigkeit

Kinder brauchen nicht nur jemanden, der ihrem Verhalten Grenzen setzt, sondern auch jemanden, der sie als Person, mit all ihren Gedanken, Gefühlen und Wünschen akzeptiert. Kinder brauchen mindestens einen Menschen, der ihnen das Gefühl gibt:

– Da ist jemand, der Zeit für mich hat und mir seine ganze Aufmerksamkeit schenkt, der Anteil nimmt und für mein inneres Erleben offen ist, der zu mir hält, mich emotional unterstützt und mir den Rücken stärkt.
– Da möchte jemand in meiner Nähe sein und mich knuddeln und umarmen und liebkosen.
– Da bin ich willkommen, da gehöre ich dazu, da ist mein Platz, da fühle ich mich zu Hause.

Kurz gesagt: Kinder brauchen eine Person in ihrem Leben, die sie in ihr Herz geschlossen hat, damit es ihnen warm ums Herz werden kann.

Je besser dieses Bindungsbedürfnis befriedigt wird, desto größer ist die Widerstandkraft eines Kindes gegen Stress und schädigende Einflüsse. Der größte **Schutzfaktor** gegen Entwicklungs- und Verhaltensstörungen liegt in einer beständigen und annehmenden Beziehung zu mindestens einer Bezugsperson – unabhängig davon, ob dies nun die leiblichen Eltern sind oder nicht.

Beim Thema Liebe ist eines wichtig: Machen Sie einen Unterschied zwischen dem, was Ihr Kind denkt, fühlt und wünscht und dem, was es sagt und tut (vgl. Seite 129). Seien Sie grenzenlos offen für das innere Erleben Ihres Kindes, aber setzen Sie seinem Verhalten Grenzen. **Die Kunst besteht darin, Kinder mit all ihren Gedanken, Gefühlen und Bedürfnissen anzunehmen, aber nicht jedes Verhalten.**

Während es beim Setzen von **Grenzen** nötig sein kann,
- ein bestimmtes Verhalten von Kindern einzufordern,
- destruktives und unsoziales Verhalten zu kritisieren, zu bewerten und abzulehnen,
- sich abzugrenzen und keine Diskussionen zuzulassen,
- kompromisslos und unnachgiebig zu sein,
- Wut, Enttäuschung und Frustration zu riskieren und
- die Kinder nicht vor den unangenehmen Folgen ihres Verhaltens zu schützen,

geht es beim Thema **Liebe** darum,
- für das Kind da zu sein und ihm Wärme und Nähe zu geben,
- sich um seine Sorgen und Nöte zu kümmern,
- die offene Begegnung, die Kommunikation und den Dialog zu suchen,
- aufeinander ein- und zuzugehen,
- sich auszutauschen und
- Nachsicht und Rücksicht zu üben,

Liebe benötigt vier „Zutaten", um spürbar zu werden:

1

Leistungsfreie Zeit

Liebe braucht Zeit. Ein Kind spürt, dass es geliebt wird, wenn es regelmäßig leistungsfreie Zeit geschenkt bekommt. Im Grunde genommen drücken Sie damit Folgendes aus: „Dein Leben ist mir so wichtig, dass ich meine eigene kostbare Lebens-Zeit mit dir teile. Du bedeutest mir so viel, dass ich bereit bin, Zeit mit dir zu verbringen." Zeit ist allerdings relativ. Es kommt nicht nur auf die Länge der Zeit an, die Sie mit Ihrem Kind verbringen, sondern auch auf die **Zeitqualität**:

Es kommt erstens darauf an, **regelmäßig** Zeit mit einem Kind zu verbringen. Nur so kann eine stabile, sichere und verlässliche Beziehung aufgebaut werden, die dem Kind die emotionale Sicherheit gibt, die es braucht, um sich geliebt zu fühlen. Diese sichere Bindungserfahrung, bestimmt die Qualität aller Beziehungen, die das Kind eingehen wird.

Zweitens ist wichtig, dass das Kind in dieser Zeit keine Leistung bringen muss. Beziehungszeit ist zweckfreie Zeit. Beziehungszeit ist **leistungsfrei**. In dieser Zeit muss das Kind nicht irgendwie „funktionieren" und etwas „aus sich machen", sondern es darf seine eigenen Gedanken, Wünsche und Bedürfnisse „in den Raum stellen". Der Rest, d. h. das gemeinsame Aushandeln und Gestalten dieser Wünsche, ist Beziehung.

Auch der folgende Punkt zählt zur Zeitqualität:

2

Ungeteilte Aufmerksamkeit

Liebe zeigt sich in der Qualität der Zuwendung. Schenken Sie Ihrem Kind kostbare Minuten ungeteilter Aufmerksamkeit. Achten Sie auf alles, was von ihrem Kind kommt. Nehmen Sie Ihr Kind wahr. Ganz präsent. Ganz gegenwärtig. Ohne nebenher mit anderen Gedanken, anderen Gesprächen oder anderen Aufgaben beschäftigt zu sein. Kein „Seitengespräch", kein Telefonat, kein Fernsehen, kein Einkaufen, Kochen, Putzen, Bügeln und Waschen. Auch mehreren Kindern zusammen kann die ungestörte Aufmerksamkeit geschenkt werden – wenn es klare Gesprächsregeln gibt. Wenn ein Kind ausreden darf und in dieser Zeit die ganze Aufmerksamkeit bekommt, spürt es: „Jetzt geht es ganz und gar um mich! Im Moment ist nichts wichtiger! Jetzt kümmert sich die Mama oder der Papa nur um mich! Jetzt sind sie ganz für mich da!"

> Schenken Sie Ihrem Kind kostbare Minuten ungeteilter Aufmerksamkeit

3

Körper-Sprache

Liebe wird körperlich vermittelt. Kinder möchten berührt werden: durch die Wärme in den Augen, durch den zärtlichen Klang der Stimme, durch ein liebevolles Lächeln und durch die Berührung ihrer Haut. Liebe wird nicht dadurch spürbar, dass wir dem Kind sagen, dass wir es lieben. Solche Worte werden nur durch Taten wahr und spürbar. Der Körper lügt nicht. Nur wenn die Augen, die Stimme, die Mimik, die Gestik und die Hand(-lungen) des Erwachsenen dasselbe sagen, wird sich das Kind geliebt **fühlen**. Kinder mögen es, wenn Eltern so tun, als wollten sie sie auffressen. Denn dann wissen sie: Meine Mama und mein Papa haben mich zum „zum Fressen" gern. Wenn ein Kind berührt, gestreichelt, liebkost, geküsst, umarmt, gekitzelt, beknabbert, massiert, getätschelt, geknuddelt, geschaukelt und getragen wird, dann weiß es: Ich werde geliebt.

Leider hat die Erfindung des Rades neben einigen wünschenswerten Ergebnissen auch zu einem für Kinder im wahrsten Sinne des Wortes trag-ischen Ergebnis geführt, zum Kinderwagen. Seit es ihn gibt, schieben wir unsere Kinder vor uns her. Kinder wollen jedoch nicht weggeschoben, sondern mitgetragen werden. Wir stammen von den Affen ab. Und obwohl dies von einigen Menschen als Kränkung empfunden wird, sind wir ihnen näher als wir meist wahrhaben wollen. Affen tragen ihre Kinder nah am Körper. **Wir werden als Traglinge geboren und nicht als „Schieblinge".** Das Bedürfnis, dem Körper der Mutter ganz nah zu sein und getragen zu werden, ist tief in unserem stammesgeschichtlichen Erbe verwurzelt. Trotzdem behandeln wir unsere Kinder so, als würden wir von den Vögeln abstammen, nämlich als „Nesthocker". Der Kinderwagen ist ein Nest. Befreien Sie Ihr Kind nach Möglichkeit daraus. Lassen Sie Ihre Liebe spürbar werden. Nehmen Sie sich Ihr Kind so oft wie möglich zu Herzen und tragen Sie es.

4

Bedingungslose Annahme

Wer sein Kind liebt, nimmt es bedingungslos an. Leichter gesagt als getan, denn diese bedingungslose Annahme setzt zwei Dinge voraus: Offenheit und Einfühlungsvermögen.

Wenn ich mein Kind annehmen möchte, muss ich für seine Gedanken, Gefühle und Wünsche zugänglich sein. Liebe braucht **Offenheit**. Das heißt, ich muss bereit sein, mein Kind auf mich wirken zu lassen. Ich muss es wahrnehmen. Mit allen Sinnen. Auch wenn dies in mir selbst zu unangenehmen Gedanken, Gefühlen und Impulsen führt. Kinder wollen gesehen, gehört, berührt und begriffen werden. Kinder wollen, dass die Eltern sie „riechen" können und nichts stinkt ihnen mehr, als wenn sie zu hören bekommen: „Was du da denkst, schmeckt mir gar nicht!"

Bedingungslose Annahme setzt auch die Fähigkeit zur Anteilnahme voraus. Damit ist die Bereitschaft gemeint, sich in ein Kind hineinzuversetzen und buchstäblich mit ihm mitzudenken, mitzufühlen und mitzuwünschen. Liebe braucht **Einfühlungsvermögen**.

> Liebe braucht Offenheit und Einfühlungsvermögen

Diese bedingungslose Annahme soll sich jedoch nicht unterschiedslos auf jedes Verhalten der Kinder beziehen. Seien sie offen für alles, was ihr Kind erlebt und empfindet. Gehen Sie einfühlsam auf alles ein, was es denkt, fühlt und wünscht. Lehnen Sie aber gleichzeitig destruktives und unsoziales Verhalten ab. Nicht alles, was Kinder sagen oder tun, kann bedingungslos akzeptiert werden.

Bindung und Spiritualität

Das Leben ist eine Geschichte wachsender Bindungen und Beziehungen. Wenn sich ein Kind mit der Mutter verbunden fühlt, erlebt es sich als Teil der Mutter-Kind-Beziehung. Es fühlt sich zunächst zur Mutter zugehörig. Später vielleicht zur größeren Familie mit Vater, Geschwistern und Verwandten. Dann zu Freunden. Zu einer Glaubensgemeinschaft. Zur Fangemeinde eines Popstars. Zu einem Lebenspartner oder einer Lebenspartnerin. Zur Natur. Zu einem Land. Zu Europa. Zur Weltge-

> Kinder brauchen Gemeinschaft

meinschaft. Immer aber entsteht ein Gefühl der **Zugehörigkeit**. Kinder wollen Teil eines größeren Ganzen sein. Kinder brauchen Gemeinschaft.

Spirituell leben heißt, sich mit immer größeren Ganzheiten verbunden zu fühlen, die eigenen Handlungen in immer größeren Zusammenhängen zu sehen. In immer größere Bezugssysteme hineinzuwachsen und mit ihnen zu kommunizieren. Immer offener zu werden für das Fremde. Sich immer mehr als Teil eines großen Ganzen zu erleben und sich mitverantwortlich dafür zu fühlen. Am Ende dieser Reise steht vielleicht das Gefühl der Verbundenheit mit dem All-Einen. Grundlage dieser Spiritualität sind immer konkrete, lebenspraktische Bindungs-Erfahrungen, d. h. Erfahrungen der Zugehörigkeit und des Eingebundenseins. **Kindern spirituelle Erfahrungen zu ermöglichen heißt, ihnen Bindungserfahrungen zu ermöglichen.**

Wer Kindern leistungsfreie Zeit und ungeteilte Aufmerksamkeit schenkt und wer sie bedingungslos annimmt und diese Annahme auch körperlich ausdrückt, sorgt dafür, dass sie **Liebe und Nähe** erfahren können.

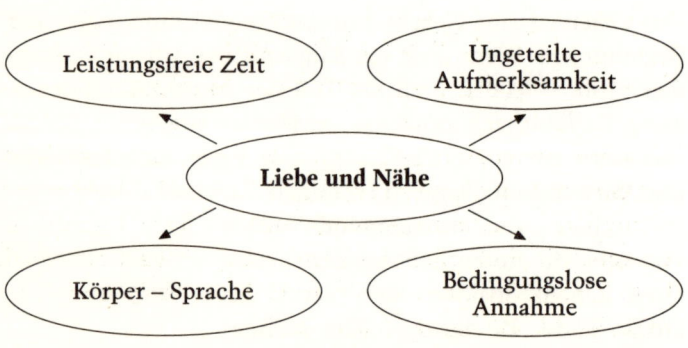

Impulse zum Nachdenken und Diskutieren

Wie zeigen Sie Ihrem Kind Ihre Liebe?
Wie stellen Sie Nähe her?
Woran erkennt Ihr Kind, dass Sie sich für sein Leben inte-
ressieren und Anteil daran nehmen?
Welche Gedanken, Gefühle und Bedürfnisse Ihres Kindes
können Sie schwer akzeptieren?

Wie viel Zeit haben Sie für Ihr Kind? Was davon ist ungeteilte Zeit, die Sie ausschließlich Ihrem Kind widmen?
Wie präsent können Sie in dieser Zeit sein?

Wie gut können Sie zu Ihrem Kind sagen:
- Ich bin gern in deiner Nähe,
- ich nehme mir regelmäßig Zeit für dich
- und schenke dir in dieser Zeit meine ganze Aufmerksamkeit,
- denn ich interessiere mich für dich
- und möchte mich um dich kümmern
- und wenn's darauf ankommt, bin ich für dich da!

Bin selber groß!
Freiheit – Kontrolle – Einfluss

Grenzen geben Halt. Sie begrenzen aber auch die Hand-
lungsfreiheit. Regeln geben Orientierung. Sie lassen aber
wenig Spontaneität zu. Rituale und eine feste Tagesstruk-
tur geben die Sicherheit des Vertrauten. Sie legen aber auch
fest. Zugehörigkeit ermöglicht Geborgenheit und Identität. Sie verpflichtet aber auch.
   Wer zu einem Geschlecht, einer Familie, einer Gruppe
oder Gesellschaft *dazuge-hören* möchte, muss den gelten-
den Geschlechtsnormen, Familienregeln, Gruppennormen

und Gesetzen *ge-horchen*. Solange das Wohlergehen eines Kindes von der Liebe der Eltern abhängt, ist es auch von den Eltern abhängig. Wer auf jemanden angewiesen ist, muss auch dessen Anweisungen befolgen. Liebe verbindet nicht nur, sie bindet auch. Deshalb gibt es neben dem Bedürfnis, Halt zu bekommen und jemandem nahe zu sein, auch das entgegengesetzte Bedürfnis nach Freiheit, **Selbständigkeit** und **Unabhängigkeit**.

Kaum können Kinder zwei Worte aneinander reihen, schon bekommen die Eltern einen „Satz" zu hören, der für Entlastung, aber auch für großen Konfliktstoff sorgt: *„Selber groß!!!"* Kinder wollen selbständig sein und in der Welt der Erwachsenen mitmischen. Sie wollen der Welt nicht ohnmächtig ausgeliefert sein, sondern das Geschehen selbst kontrollieren und Einfluss darauf nehmen. Sie wollen eigenverantwortlich, unabhängig und selbstbestimmt handeln. Dazu brauchen sie Entscheidungsspielräume und Mitwirkungsmöglichkeiten. Sie brauchen Gelegenheiten, bei denen sie Engagement und Eigeninitiative zeigen können. Kinder zur Selbständigkeit erziehen heißt, ihnen Freiräume und Mitbestimmungsmöglichkeiten anzubieten.

Kinder zur Selbständigkeit erziehen heißt, ihnen Freiräume und Mitbestimmungsmöglichkeiten anzubieten

Dieses Freiheitsbedürfnis möchte ich im Folgenden unter vier Aspekten näher betrachten:

1

Kinder möchten etwas bewirken

Die vier Monate alte Anabel bekommt Besuch. Fremde Geräusche dringen an ihr Ohr. Längst hat sie gelernt, ihren

Kopf zu drehen. Diese **Körperkontrolle** erlaubt ihr ein Stück Freiheit und Umweltkontrolle. Sie kann sich Interessantem selbst und aktiv zuwenden, aber wenn es ihr zuviel wird, auch wegschauen. Die Entscheidung liegt bei ihr. Sie kann selbst bestimmen, wem oder was sie sich zuwendet. Der Gast legt ihr eine Rassel in die Hand. Instinktiv schließt sich die Hand um die Rassel. Anabel fixiert das Gesicht des Gastes und sie folgt dem Gesicht mit ihren Augen. Sie hat nicht nur gelernt, Dinge mit ihren Händen festzuhalten, sondern auch mit ihren Augen. Festhalten – noch ein Stück Kontrolle. Sie beginnt zu strampeln. Immer noch umklammern ihre Hände die Rassel. Die Rassel macht Geräusche. Sie wendet sich der Rassel zu und hört auf zu strampeln. Die Rassel hört auf Geräusche zu machen. Sie beginnt wieder zu strampeln. Wieder macht die Rassel Geräusche. Plötzlich strampelt Anabel wie wild. Sie ist ganz erregt und gibt Töne von sich. Später wird sie lernen, dass die Erwachsenen zu diesem Erregungszustand „Freude" sagen. Die Rassel passt sich dem Erregungszustand an. Die Rassel gehorcht Anabel. Welch eine Freude.

Anabel hat gelernt, einen Zusammenhang zwischen ihren Bewegungen und den Geräuschen der Rassel herzustellen. Sie hat gelernt, dass ihr Handeln etwas bewirkt. Sie ist ihrer Umwelt nicht hilflos ausgeliefert, sondern kann darauf einwirken. Sie bekommt die Dinge im wahrsten Sinne des Wortes langsam in den Griff. **Wer die Dinge im Griff hat, kann sie kontrollieren.**

Noch ist ihr Aktionsradius beschränkt. Doch das wird sich bald ändern. Erste Vorboten des Krabbelns lassen die Eltern Schlimmes erahnen. Auch wenn die Muskelkontrolle noch nicht ausreicht, um etwas aufzubauen, lassen sich die Kinder die Freude an der Selbstwirksamkeit nicht verderben. Warum aufbauen, wenn man auch abbauen kann? Schließlich gibt es genug umzustoßen, abzuräumen, auszuräumen, umzuräumen, rauszuholen, reinzustopfen, wegzuziehen, runterzuziehen. Stundenlang können Kinder das „Du-legst-es-auf-den-Tisch-und-ich-hau's-runter-Spiel" spielen.

Noch mehr Freiheiten und Wirkungsmöglichkeiten haben Kinder, wenn sie in der Lage sind, auf eigenen Beinen zu stehen und zu laufen. Dann können sie befriedigende Orte und Menschen selbst aufsuchen und unangenehmen Orten und Menschen entfliehen. Wieder ein Stück Freiheit. Auch mit der Sprache wachsen die Einflussmöglichkeiten. Wer die Sprache beherrscht, kann seinen Wünschen noch mehr Ausdruck verleihen. Oder Kommandos geben und abwarten, ob die Eltern sich herumkommandieren lassen.

Anabel hat Hunger. Sie schreit. Prompt gibt ihr die Mutter die Brust. Wieder macht Anabel eine Kontrollerfahrung. Sie lernt, dass sich die eigene Aktivität lohnt und zum Ziel führt. Sie lernt, dass sie durch eigene Anstrengung etwas erreichen kann. Sie ist der Mutter nicht hilflos ausgeliefert. Ihr eigenes Verhalten führt dazu, dass ihre Bedürfnisse nach Nahrung und Nähe befriedigt werden. Je häufiger Anabel diese Erfahrung macht, desto größer wird das Gefühl der **Selbstwirksamkeit**. Aus der Gewissheit, dass das eigene Handeln einen positiven Effekt hat und etwas bewirkt, entsteht das Gefühl, die Umwelt beeinflussen zu können. Es entsteht eine stabile Kontrollüberzeugung. Sie ist eine wichtige Voraussetzung für die gesunde Entwicklung eines Kindes. Sie legt den Grundstein dafür, ob ein Mensch später mit dem Gefühl auf die Welt zugeht, dass das Leben einen Sinn macht und ob es sich lohnt, sich für etwas einzusetzen und zu engagieren.

Aus diesem Grund ist es sehr wichtig, dass Kinder die Erfahrung der Selbstwirksamkeit nicht nur mit Gegenständen, sondern auch mit Menschen machen. Ebenso wie ein Kind die Erfahrung braucht, dass es durch sein Verhalten Gegenstände bewegen kann, braucht es auch die Erfahrung, dass sich Menschen in Bewegung setzen, wenn es etwas braucht. Dass die Mama beispielsweise die Brust gibt, wenn es danach verlangt. Und dass nicht nur die Rassel Geräusche von sich gibt, sondern auch die Mutter, wenn das Kind beruhigt werden möchte.

Insbesondere in den ersten zwei bis drei Jahren ist es für ein Kind wichtig, dass es die Erfahrung macht, dass die Eltern verfügbar sind und auf seine dringendsten Bedürfnisse möglichst schnell reagieren. Dass es Hunger, Angst und Schmerz nicht lange ausgeliefert ist, sondern dass jemand da ist, der es sättigt, beruhigt und tröstet.

Spätestens mit drei bis vier Jahren machen die meisten Kinder einen großen Entwicklungssprung, der es ihnen ermöglicht, sich in andere Menschen hineinzuversetzen. Dann verstehen sie, dass jeder Mensch seine eigene Absichten und Bedürfnisse hat. Da die Wünsche der Kinder dann immer vielfältiger („Haben, Haben, Haben!") und bestimmender werden („Aber flott!"), muss zwischen dem Wunsch selbst und seiner Erfüllung unterschieden werden. Auf Wünsche einzugehen, heißt nicht, sie zu erfüllen. Es ist wichtig, die Wünsche der Kinder wahrzunehmen und sie nicht zu ignorieren. Die Erfüllung eines Wunsches aber darf abgelehnt oder an Bedingungen geknüpft werden („Nicht in diesem Ton!"). Ähnlich wie beim Setzen von Grenzen, wo es darauf ankommt, das innere Erleben eines Kindes anzunehmen, aber nicht jedes Verhalten, geht es hier darum, den Wunsch an sich zu akzeptieren, ihn aber nicht unbedingt zu erfüllen. Nicht das Kind mit seinem Wunsch wird abgelehnt oder zurückgewiesen („Du bist aber auch mit nichts zufrieden!"), sondern nur die Erfüllung des Wunsches („Nein, es gibt kein zweites Eis!"). Alleine das Wissen darum, dass sich die Mama oder der Papa mit den eigenen Wünschen beschäftigt und erklären kann,

> Auf Wünsche einzugehen, heißt nicht, sie zu erfüllen

warum sie nicht erfüllt werden, reicht aus, um zu wissen, dass sie trotzdem etwas bewirken. Das Bedürfnis nach Selbstwirksamkeit wird dadurch nicht verletzt.

Wenn ein Kind immer wieder die Erfahrung macht, dass sein eigenes Verhalten dazu führt, dass unangenehme Zustände verschwinden, wird es später darauf vertrauen, dass es selbst Probleme lösen und Schwierigkeiten überwinden kann. Es entwickelt Zuversicht und **Selbstvertrauen**.

Wenn ein Kind immer wieder die Erfahrung macht, dass Erwachsene auf seine aktiven Bemühungen um Schutz, Trost und Nähe positiv antworten, wird es sich später selbst für liebenswert halten. Dies wird ihm die Sicherheit geben, vertrauensvoll auf Menschen zuzugehen, seine Gefühle und Bedürfnisse zu zeigen und Nähe zuzulassen. Es wird selbstsicher. Diese **Selbstsicherheit** hilft die Gefühle der Schutzlosigkeit und Verletzlichkeit auszuhalten, die sich einstellen, wenn wir uns mit unseren Gefühlen, Bedürfnissen und Schwächen zeigen und dabei das Risiko eingehen, abgelehnt zu werden.

Wenn ein Kind häufig die Erfahrung macht, dass sein Handeln den gewünschten Effekt hat, wächst sein **Selbstbewusstsein**. Es ist sich bewusst, dass es selbst, mit seinen eigenen Aktivitäten, einen Einfluss auf die Umwelt hat. Selbstbewusstsein ist das Ergebnis vieler Erfahrungen der eigenen Wirksamkeit. Immer wieder wird das Kind vor der Frage stehen:

Erfolgreiche Aktivität macht selbstbewusst

Bin ich einflussreich oder einflusslos? Kann ich etwas bewirken oder bin ich wirkungslos? Kommt durch mein Handeln etwas in Bewegung oder bleibt alles, wie es ist? Bin ich dem Leben ohnmächtig ausgeliefert oder kann ich es durch eigene Aktivität gestalten? Führen die eigenen Aktivitäten das Gewünschte herbei oder kann ich machen, was ich will und nichts passiert? Sind die Eltern verfügbar, wenn ich sie brauche oder kann ich vergeblich nach ihnen

„schreien" so lang ich will? Macht es einen Unterschied, ob es mich gibt oder nicht? Bin ich den anderen egal oder habe ich einen Einfluss auf sie?

2

Kinder möchten Dinge besitzen

Eine besonders intensive Kontrollerfahrung machen Kinder, wenn sie etwas besitzen. Was sich ein Kind aneignen kann, ist handhabbar und damit kontrollierbar. Wer etwas in seinem Besitz hat, der kann darüber verfügen und darüber herrschen. Wer etwas hat, kann damit tun und lassen, was er will (wenn da nicht die „bösen" Eltern wären). Deshalb beschränkt sich der Wortschatz vieler Kinder zunächst einmal auf die beiden Wörtchen „Haben!" und „Meins!". Dass dieses Prinzip ausbaufähig ist, beweisen Kinder, wenn sie gelernt haben, zwei Wörter aneinander zu reihen. Dann heißt es schlicht und einfach „Mehr haben!" Nicht selten endet dieser Hunger nach Besitz in der Habgier. Und da Kinder Eltern *haben*, nehmen sie die deutsche Sprache gerne beim Wort und möchten auch über diese verfügen. Eltern sind genauso wie Spielzeuge Objekte, die dann am besten funktionieren, wenn sie tun, was das Kind will.

Umso schmerzlicher ist die Erfahrung, wenn das Spielzeug oder die Eltern nicht so funktionieren, wie man das gerne hätte. Gesteigert wird dieser Schmerz nur noch, wenn einem etwas weggenommen wird. Dieser Kontrollverlust, diese Ohnmacht, dieses schmerzliche Verlangen ist kaum auszuhalten. Loslassen, weggeben, teilen und schenken ist nicht einfach. **Lernen, sich von jemandem oder etwas zu trennen, gehört zu den schwierigsten und schmerzlichsten Aufgaben, die Kinder bewältigen müssen.**

Kinder möchten selbst bestimmen

Wenn in der Trotzphase das große „Nein!" Einzug in den Familienalltag hält, wird es vorübergehend richtig anstrengend. Denn wie anfangs bei der Entdeckung der Muskelkontrolle steht zunächst eher das Destruktive als das Konstruktive im Vordergrund. Einen eigenen Bauklötzchenturm machen geht noch nicht. Einen fremden kaputtmachen schon. Sich den Zielen der Eltern zu **verweigern** ist einfach. Eigene Ziele zu finden und beharrlich zu verfolgen, ist schwerer. Den eigenen Wunsch klar zu formulieren und evtl. zu verhandeln geht noch nicht. Aber den Wunsch der Mutter oder des Vaters mit einem „Nein!" kaputtmachen geht schon. Zur Not wird das kategorische Nein eben im zivilen Ungehorsam ausgedrückt. Das Kind tritt in den Sitzstreik. Da es im Durcheinander der gleichzeitigen Bedürfnisse nach Sicherheit, Liebe und Freiheit weder vorwärts noch rückwärts geht, bleibt einem eben manchmal nichts anderes übrig, als die Dinge auszusitzen. Denn sicher ist nur eines: Der Mutter oder dem Vater folgen geht auf keinen Fall. Im „Nein!" des Kindes drückt sich der unbedingte Wille zur Selbstbestimmung aus.

Über sich selbst bestimmen lassen geht für das Kind auf keinen Fall. Anders sieht es aus, wenn es darum geht, über andere zu bestimmen. Bereits im Kindergartenalter dreht sich vieles um das Thema „Wer ist der Bestimmer?" Nimmt das Bedürfnis nach Kontrolle im Kindergartenalter sich noch relativ harmlos aus, sieht es bei älteren Kindern schon ganz anders aus. Da zeigt sich, dass das Bedürfnis nach Einfluss und Kontrolle auch ganz andere Formen annehmen kann. Da wird **Macht über andere** ausgeübt, da werden andere dazu gezwungen, sich dem eigenen Willen zu unterwerfen, da gibt es plötzlich Schreckensherrschaften mit „Herrscher" und „Sklaven". Da *herrscht* das Motto: „Und bist du nicht willig, so brauch ich Gewalt!" Und aus dem Bedürfnis nach Kontrolle wird plötzlich Machtgier. Auf dem Kontinuum zwischen Ohnmacht und Macht, Zwang und Freiheit gibt es eben viele Schattierungen.

Eine andere Form der Selbstbestimmung ist die **Selbst-kontrolle**. Selbstkontrolle ist Macht über sich selbst. Mit zunehmendem Alter lernen Kinder nicht nur, Dinge und Menschen immer besser in den Griff zu kriegen, sondern auch sich selbst. Sich selbst im Griff haben heißt, dem eigenen Körper und den eigenen Gefühlen, Impulsen und Wünschen nicht mehr hilflos ausgeliefert zu sein. Sobald das Kind den Blasen- und Schließmuskel beherrscht, kann es selbst bestimmen, wann es mit den dazugehörigen Inhalten „rausrückt". Das Selbstbestimmungsrecht erfordert dann klare Antworten auf diplomatisch verkleidete Forderungen:

– „Musst du Pipi machen?" – „Nein!!" („Dumme Frage, wenn ich Pipi machen müsste, würde ich doch Pipi machen, oder wer ist hier der Chef?")
– „Gehst du bitte mal Pipi machen?" – „Muss nicht!" („Eigentlich müsste ich schon, aber das darf ich jetzt nicht zugeben, ich bin hier der Chef!")

Und wehe, die Eltern machen eine Machtfrage daraus. Dann wird ihnen schnell klar gemacht, wer ab jetzt bei dieser Frage am „Drücker" sitzt.

Andere Selbstkontrolltechniken kommen dazu: man verplappert sich nicht mehr ständig, sondern kann seine Gedanken für sich behalten. Tränen können zurückgehalten und Schmerz besser ausgehalten werden. Jetzt sind die Kinder kein offenes Buch mehr für die Eltern: Sie können sich „verschließen" und verstellen. Sie haben Geheimnisse, können sich selbst beherrschen. Damit sind sie weniger beherrschbar und deshalb freier. Je größer die eigene Unsicherheit und die Angst vor Zurückweisung, desto wichtiger werden eine schützende Maske und ein cooles Image. Wer cool sein will, darf sich nicht in die Karten schauen lassen. Denn wer seine Gedanken, Gefühle und Wünsche offen auf den Tisch legt, liefert sich den anderen aus und macht sich verletzbar. Die anderen können – wenn sie wollen – darüber lachen und das Kind oder den Jugendlichen beschämen, erniedrigen und zurückweisen. Wer sich über das Verhalten eines Kindes oder über seine Gedanken, Gefühle und Bedürfnisse lustig macht, es auslacht oder verspottet, der demütigt es und fügt ihm großen Schaden zu.

Je älter die Kinder werden, desto stärker wird der Wunsch, selbständig, unabhängig und autonom zu sein, d. h. nach eigenen Gesetzen zu leben. Diese **Autonomiewünsche** nehmen erst wieder ab, wenn das Bedürfnis nach einer festen Partnerschaft wächst und das Bindungsbedürfnis dafür sorgt, dass die jungen Erwachsenen wieder auf den „Teppich" kommen.

Das Thema „Aufräumen" ist in vielen Familien deshalb so heiß umkämpft, weil der Wunsch der Eltern meist das „eigene Zimmer" der Kinder betrifft. Auf abstrakter Ebene ist den Kindern zwar klar, dass ihnen das eigene Zimmer nicht wirklich gehört. Aber ihr Gefühl ist ein anderes: Mein Zimmer ist mein Machtbereich, da bestimme ich, da mach' ich, was ich will! Die Aufforderung zum Aufräumen wird da leicht als Unverschämtheit und als Übergriff empfunden. Entsprechend heftig fallen dann die Reaktionen aus. Hier müssen Eltern standhaft bleiben und den Respekt vor dem „Eigenen" an Bedingungen und Regeln knüpfen.

> Wer sich selbst beherrschen kann, ist weniger beherrschbar

Kinder möchten mitbestimmen

Selbstbestimmung ist eine individuelle und manchmal einsame Angelegenheit. Da geht es um das Eigene: die eigene Unabhängigkeit, die persönliche Freiheit, Selbstkontrolle, Abgrenzung von anderen und Macht über andere. Im Gegensatz dazu geht es bei der Mitbestimmung um mehrere Menschen. Hier steht nicht das Eigene, sondern die Gemeinschaft im Mittelpunkt. Da geht es nicht um Unabhängigkeit, sondern um Gemeinsamkeit, nicht um Abgrenzung, sondern um Teilhabe. Bedeutsam ist nicht persönliche Wirksamkeit, sondern das Engagement der Familie oder Gruppe. Man möchte seinen Teil zur Gemeinschaft beitragen, und das geht nur, wenn man nicht übersehen und übergangen, sondern gesehen und gehört wird. Beim Bedürfnis nach Mitbestimmung geht es nicht um den Wunsch nach Selbstverwirklichung, sondern darum, Teil einer Gemeinschaft sein zu wollen. Kinder wollen an den Entscheidungsprozessen der Familie teilhaben. Sie wollen partizipieren. Mitbestimmung setzt jedoch einiges voraus. Beispielsweise muss sich ein Kind in mehrere Parteien gleichzeitig hineinversetzen und diese Standpunkte bei seinen eigenen Vorschlägen mitberücksichtigen können. Deshalb sollten Kinder zu Beginn wenig und dann immer mehr Mitspracherechte bekommen – vorausgesetzt, die Rechte werden auch an Pflichten geknüpft. Insbesondere in Familien mit Geschwistern wird das Aushandeln und Ausüben dieser Rechte und Pflichten zu einem wichtigen Teil des Familienlebens.

> Kinder wollen an den Entscheidungsprozessen der Familie teilhaben

Wenn Kinder die Erfahrung machen, dass sie etwas bewirken, beeinflussen und in Besitz nehmen können und wenn sie die Erfahrung der Selbst- und Mitbestimmung machen, wird ihr Bedürfnis nach **Freiheit und Kontrolle** gestillt.

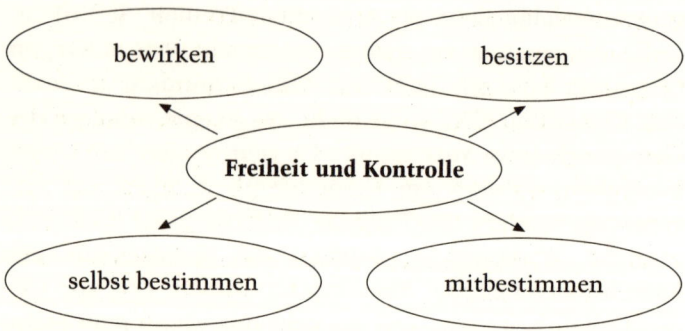

Impulse zum Nachdenken und Diskutieren

Wie reagieren Sie auf die Bedürfnisse Ihres Kindes?
Gehen Sie auf jeden Wunsch ein?
Welche Wünsche ignorieren Sie oder lehnen sie ab?
Machen Sie einen Unterschied zwischen der annehmenden Reaktion auf einen Wunsch und seiner Erfüllung?

Wie wichtig ist Ihrem Kind Besitz?
Was gibt Ihr Kind nicht gerne her?
An wen oder was klammert sich Ihr Kind?
Wie trennt sich Ihr Kind von Personen oder Dingen?

Was verweigert Ihr Kind?
Worauf reagiert es trotzig?
Was hält Ihr Kind gerne zurück?

Wo steht Ihr Kind auf dem Kontinuum zwischen Macht und Ohnmacht, wenn es mit anderen zusammen ist?

Wofür ist Ihr Kind selbst verantwortlich?

Was darf es selbst entscheiden?

Was würde es gerne selbst bestimmen?

Wie viel frei verfügbare Zeit hat Ihr Kind?

Wie ist das Verhältnis von verplanter zu freier Zeit?

Wo hätte Ihr Kind gerne mehr Freiheiten?

Wo darf Ihr Kind mitreden und mitbestimmen?

Welche Familienregeln wurden gemeinsam mit den Kindern verhandelt?

Wie lassen Sie Ihr Kind an Entscheidungsprozessen teilhaben?

Welche Rechte hat Ihr Kind? Mit welchen Pflichten sind diese verbunden?

Voll geil!
Spaß – Lernen – Spiel

Um mit den wichtigsten Wünschen von Kindern in Kontakt zu kommen, stelle ich ihnen häufig folgende Aufgabe: „Die meisten behaupten, es gibt sie nicht. Aber eines Tages steht sie tatsächlich vor dir: eine echte Zauberfee. Sie schaut dich an und sagt zu dir: ‚Du hast drei Wünsche frei. Aber nur drei. Und nur dieses eine Mal. Also überlege es dir gut. Welches sind deine drei wichtigsten Wünsche im Leben?'"

Auf der Karteikarte eines 10-jährigen Jungen stand folgende Antwort:

> 1. mit der Klasse Europapak gehen
>
> 2. vider Europapak en
>
> 3. und vider Europapa9 gehn

(Für alle „Nichteingeweihten": Der Europapark ist ein großer Vergnügungspark im Südwesten Deutschlands.)

In Gedanken reagierte ich etwas genervt und dachte: „Drei Mal Vergnügungspark. Das ist ja mal wieder typisch für die Jungs. Keine Lust zum Nachdenken und nichts als Action im Sinn!" Leicht frustriert, setzte ich meine ganze Hoffnung auf die Antworten der Mädchen, von denen ja behauptet wird, sie seien den Jungs in der Entwicklung immer einen Schritt voraus.

Von einem Mädchen derselben Klasse kam folgende Antwort zurück:

> 1. Das ich Zaubern kann.
>
> 2. Das ich Reich bin.
>
> 3. Das mir der Europark gehört.

So sehen Entwicklungsvorsprünge in der Praxis aus. Doch worin liegt denn nun der große Unterschied zwischen den

Antworten des Jungen und denen des Mädchens? Und warum sind die Antworten des Mädchens cleverer als die des Jungen?

Während sich die Antworten des Jungen auf das Vergnügungsbedürfnis beschränken, steht in den Antworten des Mädchens das Bedürfnis nach Freiheit, **Kontrolle** und Einfluss im Vordergrund. Wer reich ist, kann sich eine Umwelt schaffen, die exakt auf die eigenen Bedürfnisse zugeschnitten ist. Das Mädchen könnte sich beispielsweise einen großen Hund kaufen, der immer und überall dabei ist, es beschützt und ihm das Gefühl der **Sicherheit** gibt. Es kann Dinge kaufen, für die es von anderen **Anerkennung** und Bewunderung erhält. Wenn ihm der Europark gehört, hat es die Kontrolle darüber und kann ihn so nach seinen Wünschen gestalten, dass es noch mehr **Spaß** hat. Das Einzige, was das Mädchen mit Geld nicht kaufen kann, ist Liebe und Erfolg. Dazu bräuchte es schon Zauberkräfte, mit denen es Eltern zaubern könnte, die ihm alle **Liebe**, Zeit und Aufmerksamkeit der Welt schenkten. Und Freunde, zu denen es dazugehören würde. Und Talente, die dafür sorgten, dass es **Erfolg** haben kann. Wer zaubern kann und reich ist, kann nicht nur das Bedürfnis nach Spaß befriedigen, sondern alle Bedürfnisse.

Doch unabhängig davon, wie fortgeschritten das Bedürfnis auch geäußert wird – eines ist sicher: Kinder wollen Spaß haben. Sie wollen lachen und sich vergnügen. Sie wollen möglichst stressfrei, sorglos und entspannt leben. Sie wollen die Annehmlichkeiten des Lebens genießen. **Der Spaßfaktor muss stimmen!** Kinder wollen etwas er-leben, denn nur dann fühlen sie sich lebendig.

Kinder wollen Spaß haben

Dieses Bedürfnis ist so zwingend, dass es kaum ein Zwillingspaar kindlicher Klagen gibt, das häufiger und dringlicher geäußert wird, als:

„Mir ist langweilig!" und „Das macht überhaupt keinen Spaß!"

Umgekehrt: Je glückstrunkener und freudestrahlender Kinder sind, desto größer ist die Wahrscheinlichkeit, dass Sie die Wörter: „Geil!" „Cool!" und „Krass!" zu hören bekommen werden.

Kinder brauchen Freiräume. Und diese Frei-Zeit wird vor allem dazu genutzt, das Bedürfnis nach Spaß zu befriedigen. Und was macht den Jungs Spaß, wenn sie nicht in den Europapark können? Eine unvollständige Sammlung aus den Antworten verschiedener befragter Schüler:

1. Plästeischenspilen

2. Bleisdeschenspielen

3. Pleisteischenspilen

4. Pleysteschen spilen

5. Playstaischen

Ich präsentiere diese „falschen" Schreibweisen nicht, um mich über Kinder lustig zu machen, sondern um zu zeigen, wie kreativ Kinder sein können, wenn es darum geht, Schreiblösungen für unbekannte Wörter zu finden. Und was macht Kindern in ihrer Freizeit sonst noch Spaß? Eine kleine Auswahl an Antworten:

Häufiger von **Mädchen** genannt:
Reiten. Shoppen. Musik hören. Tanzen. Singen. Diddl sammeln. SMS schreiben. Turnen. Den Bruder ärgern. Telefonieren. In der Stadt bummeln. Mit meinen Katzen spielen. Freundinnen besuchen. Basteln. Mit meiner besten Freundin zusammen sein. Tiere streicheln. Lesen. Malen. Häkeln. Mit Tieren zusammen sein. Mit dem Bruder spielen. Mit dem Hund spielen.

Häufiger von **Jungs** genannt:
Fußball spielen. Mit Freunden rumhängen. Mädchen ärgern. In ein Geheimversteck gehen. Quatsch machen. Computer spielen. Baumhaus bauen. Kampfsport. Leute ärgern. Klettern. Feuer machen. Gameboy spielen. Den ganzen Tag draußen sein. Lego spielen. Die Schwester ärgern. Traktor fahren. Yu-Gi-Oh spielen. „Scheiße" bauen. Verschlafen. Kämpfen. Essen.

Von **Mädchen und Jungs** gleichermaßen oft genannt:
Mit meinen Freundinnen/Freunden spielen. Fernsehen. Inliner fahren. Schwimmen. Fahrrad fahren. Freundinnen und Freunde treffen. Chatten. Roller fahren. Ins Kino gehen. Fangen und Verstecken spielen. Lang schlafen. Ski fahren. In den Urlaub fahren.

Im Folgenden möchte ich dieses wichtige Bedürfnis unter vier verschiedenen Aspekten näher beleuchten:

1

Lebens-Lust

Kinder fahren darauf ab, wenn das Leben rasant ist. Starke Sinneseindrücke finden Kinder cool. Wenn die Nerven bis zum Zerreißen angespannt sind, ist das Leben spannend. Langweilige Tätigkeiten machen überhaupt keinen „Bock", denn Kinder haben Lust auf Dinge, die sie aufregend finden. Und nur wenn das Leben lust-ig ist, macht es Spaß. So wird die Freude am Leben zur Lebenslust.

Von Geburt an versucht jedes Kind, jede Minute seines Lebens in einem individuell unterschiedlichen **Wohlfühlbereich** zu verbringen. Entscheidend für dieses Wohlgefühl ist der Erregungszustand des Körpers. Zuwenig ist genauso schlecht wie zuviel. Wenn ein Kind keinerlei Anregung bekommt und sich nicht spürt, entsteht der quälende Zustand der Langeweile. Dann verlangt das Kind ganz begierig nach irgendeinem Erlebnis. Es entsteht ein unbändiges Verlangen nach Stimulation. Oder um es mit den Worten von Leo Tolstoi auszudrücken: *„Langeweile ist das Begehren nach Begehren."* Wenn die Sinneseindrücke jedoch zu heftig und die Anregungen zu aufregend werden, entstehen Angst und Schmerz. Wenn ein Kind keine Anregungen bekommt, „stirbt" es vor Langeweile. Wenn es traumatische Erfahrungen macht, erstarrt es vor Schreck. In beiden Fällen wird es unlebendig. **Auf dem Kontinuum zwischen Langeweile und Schmerz versucht jedes Kind ein möglichst lustvolles Gleichgewicht zu erreichen.** Beide Seiten, Eltern wie Kinder, tun instinktiv alles, um dieses Gleichgewicht zu erreichen und zu erhalten.

Eltern werden von dem Wunsch bewegt, den eigenen Kindern möglichst oft eine Freude zu machen. Sie geben ihnen nicht nur zu essen und zu trinken, sondern versuchen auch, mit möglichst vielfältigen Sinnesangeboten den Erlebnis- und Sinneshunger der Kinder zu stillen. Eltern erzählen Geschichten, geben Streicheleinheiten, machen Kindern etwas be-greiflich, zeigen ihnen die Welt, freuen sich, wenn es ihnen schmeckt und sorgen dafür, dass sie andere Kinder „beschnuppern" können. Vielleicht ist ja ein dufter Typ dabei. Denn was gibt es Schöneres als Kinder, die vor Glück strahlen. Umgekehrt reagieren Eltern instinktiv mit dem Angebot von Trost und Schutz, wenn ihr Kind zeigt, dass ihm etwas weh tut. Die Kunst besteht darin, die richtige Dosis zwischen zuwenig und zuviel Abwechslung und zwischen Unterstimulation und Überstimulation zu finden. Wenn Kinder einer zu großen Flut von Reizen ausgesetzt werden, sind sie so aufgeregt, dass sie nicht zur Ruhe kommen können. Wenn Kinder nicht genügend Anregungen bekommen, regen sie sich bald so darüber auf, dass ihnen geraten wird, sich wieder abzuregen ... was sie umso mehr aufregt. Oder sie resignieren. Zum Glück ist es nicht allzu schwer, die Balance zu finden, denn Kinder wissen meist genau, was sie für ihr Wohlfühlgefühl brauchen. Es geht vor allem darum, genügend Angebote bereitzustellen, die alle Sinne ansprechen. Kinder suchen sich dann entsprechend ihrer Neigungen, ihrer Erregungsschwellen und ihres Entwicklungsstandes das passendste Angebot aus.

Kinder sind dem, was ihre Eltern ihnen anbieten, darüber hinaus nicht hilflos ausgeliefert Zur Not helfen sie eben ein bisschen nach und produzieren selbst die gewünschten Sinnesreize, indem sie sich bewegen, etwas berühren und Laute von sich geben. Wenn gar nichts mehr hilft, dann machen sie eben Stunk, Krach oder Dinge, die nicht ganz nach dem Geschmack der Eltern sind. Kinder können auf die Pauke hauen und auf den Nerven der Eltern herumtrommeln. Und der Ausruf: „Siehst du, was du wieder angerichtet hast!", ist der Beweis dafür, dass Kinder nicht nur in der Lage sind, für hörbare, sondern auch für sichtbare Unterhaltung zu sorgen.

Schon früh nach der Geburt lernen Kinder, ihr Erregungsniveau zu steuern, indem sie sich angenehmen Sinnesreizen zuwenden und sich von unangenehmen abwenden. Doch was zunächst noch harmlos mit einem Dreher des Kopfes beginnt, bereitet Eltern später schlaflose Nächte. Denn um die Wohlfühlzone zu vergrößern, müssen Kinder immer wieder ihre Angst- und Schmerzgrenze testen und sie nach Möglichkeit überschreiten. Das Spiel mit der Angst steht häufig auch im Mittelpunkt scheinbar ganz harmloser Spiele wie Fangen und Verstecken. Da werden uralte Dramen von Jäger und Gejagtem, Angriff und Flucht lebendig.

Kinder suchen die Herausforderung, das Risiko, die Mutprobe nicht, weil sie lebensmüde, sondern weil sie lebenshungrig sind. Sie riskieren Kopf und Kragen nicht, weil sie sich umbringen, sondern weil sie sich sicherer fühlen wollen. Wenn etwas spannend, riskant, und aufregend ist, wird unter anderem Adrenalin ausgeschüttet. Der Körper wird in einen Alarmzustand versetzt. Er ist hellwach und bereit zum Kampf. Das Herz schlägt so „laut", dass das Leben deutlich spürbar wird. Es entsteht ein intensives Lebensgefühl. Adrenalin macht lebendig. Nach bestandener Gefahr werden Glückshormone ausgeschüttet. Die Gefahr wurde bewältigt. Ein wohliges Gefühl der Zufriedenheit und Entspannung tritt ein. Die Gefahr hat sich gelohnt. Jetzt, wo klar ist, dass die Herausforderung zu bewältigen ist, ist die Welt wieder ein Stück weiter und sicherer geworden. Das nächste Mal wird die Angst kleiner sein. Und der fünfzigste Sprung vom 10-Meter-Brett ist dann fast nur noch Routine. Folgerichtig werden die nächsten Abenteuer gesucht. Und die elterliche Ermahnung: „Und sei ja vorsichtig!", wird milde belächelt und mit einem pflichtbewussten: „Ja, Ja!" entsorgt.

> Um die Wohlfühlzone zu vergrößern, müssen Kinder immer wieder ihre Angst- und Schmerzgrenze testen

2

Bewegungs-Hunger

Kinder erleben die Welt nicht nur, indem sie sie hören, sehen, riechen, schmecken und berühren. Neben den Sinnesorganen, die auf äußere Reize reagieren, gibt es auch Sinnesorgane, die auf Reize reagieren, die von innen kommen, vom Körper selbst. Es gibt Sinnesorgane, die in den Muskeln, Sehnen und Gelenken liegen und die auf jede Bewegung des Körpers reagieren. Durch Bewegung spüren sich die Kinder selbst. Jede Bewegung sagt dem Kind: „Es gibt mich! Ich bin da! Ich lebe!" In Bewegung sein heißt, sich lebendig fühlen. Sich bewegen macht Spaß. Kinder in Bewegung lachen viel, denn Bewegungen sind für Kinder eine unerschöpfliche Quelle der Lebenslust und Lebensfreude.

Das Besondere am Lustgewinn durch Bewegung ist, dass er durch eigene Aktivität hervorgerufen wird. **Kinder, die sich bewegen, schaffen sich ihr eigenes Vergnügen.** Die Freude, die Kinder spüren, wenn sie sich bewegen, ist selbstproduziertes und selbstbestimmtes Glück. Deshalb ist ein Mangel an Bewegung auch durch nichts anderes zu kompensieren.

Das Bewegungsbedürfnis ist so *dringend*, dass Kinder einen unbändigen Bewegungs-*drang* spüren. Kinder wollen rangeln, kämpfen, toben, springen, laufen, tanzen, hüpfen, jagen, tollen, wirbeln, klettern, kriechen, schwimmen, drücken, schieben, ziehen, stoßen, werfen und noch Vieles mehr. Das Schöne

> Aktive Bewegung ist selbstproduziertes Glück

daran ist, dass es – im Gegensatz zur Beruhigung eines knurrenden Magens – keinen Cent kostet, den Bewegungs-Hunger der Kinder zu stillen. Wir müssen ihnen einfach nur Gelegenheiten dazu bieten und Bewegungsangebote machen.

3

Spiel-Trieb

Es gibt noch ein Bedürfnis, das Kinder antreibt: Sie wollen spielen, denn spielen macht Spaß. Kinder freuen sich, wenn sie spielen dürfen. Deshalb bekommen sie auch nicht irgendwelches Zeug, sondern Spiel-Zeug geschenkt. Nichts wird so stark mit Kindern verbunden wie das Spiel. (Weshalb spielerisch veranlagte Erwachsene manchmal auch als „Kindsköpfe" bezeichnet werden.) Diese Einheit zwischen Kind und Spiel wird besonders deutlich, wenn

Kinder ganz selbstvergessen spielen, im Spiel aufgehen und darin versinken.

Um spielen zu können, brauchen Kinder möglichst **vielfältige Anregungen**. Sie brauchen Spiel-Material. Je **uneindeutiger** ein Spielzeug ist, umso kreativer kann es genutzt werden. Ein Schwert kann nur als Schwert genutzt werden. Ein Stock kann als Schwert, als Zauberstab, als Flöte, als Speer, als Hockey- und Baseball-Schläger, als Trommelstock usw. benutzt werden. Wenn man ein Seil daran bindet, ist es eine Peitsche und wenn man die Phantasie mitspielen lässt, kann er als Regenschirm, als Besen usw. dienen.

Um frei und ungezwungen spielen zu können, brauchen Kinder Spiel-Räume und unverplante Zeit-Räume, in denen sie kreativ und spontan sein dürfen. Kinder nutzen diese Räume, um die verschiedensten Rollen auszuprobieren. Spielerisch **lernen** sie sich immer geschickter zu bewegen, unterschiedlichste Materialien zu beherrschen, sich an Spiel-Regeln zu halten und sich mit anderen in Beziehung zu setzen.

Kinder brauchen Spiel-Räume und unverplante Zeit-Räume

Damit wären wir beim Thema Lernen:

4

Wissens-Durst

Es gibt viele verschiedene Spiel-Arten und die meisten machen nicht nur Spaß, sondern erfüllen auch andere Grundbedürfnisse. Spiele, bei denen man gewinnen kann, befriedigen beispielsweise auch das weiter unten beschriebene Bedürfnis nach Erfolg und Anerkennung. Aber eines haben alle Spiele gemeinsam: Sie sind in ihrem Ausgang offen. Es gibt Überraschungen.

Bei **positiven Überraschungen** belohnt uns unser Gehirn mit einer Glücksdroge, dem Dopamin (vgl. Seite 153). Wenn ein Kind etwas ausprobiert, etwas übt, sich an etwas Unbekanntes heranwagt oder mit etwas herumspielt, kann es passieren, dass es eine aufregende Entdeckung macht, ein Erfolgs- oder Aha-Erlebnis hat oder zu einer neuen Einsicht gelangt. Dasselbe geschieht, wenn aus etwas Bekanntem plötzlich etwas Neues entsteht. Dann wird das Kind für seine Offenheit, für den Mut zu Neuem und für die Bereitschaft, Risiken einzugehen, von der Natur belohnt. Wenn Kinder Glück haben oder ihnen etwas glückt, sind sie richtig glücklich, weil das Gehirn den Botenstoff Dopamin ausschüttet. Das ist aus einer evolutionären Perspektive auch sinnvoll und notwendig, denn nur wenn wir dazu angetrieben werden, uns immer wieder spielerisch, d. h. offen mit Dingen zu beschäftigen, uns auf Neues einzulassen und etwas dazuzulernen, können wir neue Fähigkeiten erwerben und Entdeckungen machen, die uns im Wettbewerb mit anderen Lebewesen einen Vorteil verschaffen. **Wenn Kinder positive Lernerfahrungen machen, werden sie süchtig nach Neuem. Sie werden neu-gierig.** Ihr Verlangen nach Wissen wird zum Wissens-Durst. Dabei gibt es keine grundsätzliche Trennung zwischen Spielen und Lernen. Wenn Kinder etwas interessiert, sind sie in ihrem Lerneifer kaum zu bremsen. Wenn Lernen Spaß macht, lernen Kinder spielerisch. Spielen ist Lernen und Lernen macht Spaß.

Wenn Lernen Spaß macht, lernen Kinder spielerisch

Kinder lernen immer – auch wenn sie schlafen. Kinder können nicht nicht lernen. Ununterbrochen nehmen sie ihre innere und äußere Umwelt wahr und verarbeiten diese Wahrnehmungen. Ständig stellen sie Bezüge zwischen ihren Wahrnehmungen her und verknüpfen sie miteinander. Alle Erfahrungen hinterlassen Lernspuren. Die heftigsten und häufigsten hinterlassen die tiefsten Spuren. Viele dieser Lernprozesse sind nicht bewusst, aber sie finden statt, ob gewollt oder nicht. Die Frage ist nicht, ob Kinder lernen, sondern was sie lernen. Deshalb ist es auch so wichtig, welchen Erfahrungen wir Kinder aussetzen und was wir ihnen vorsetzen und vormachen. Wenn Kinder Verlässlichkeit erfahren, lernen sie das Gefühl der Sicherheit kennen. Wenn sie Zuwendung erfahren, lernen sie die Liebe kennen. Wenn sie Freiräume bekommen, lernen sie die Freiheit kennen. Wenn sie Spaß haben, lernen sie die Freuden des Lebens kennen. Und wenn sie ihre Talente und Fähigkeiten entwickeln dürfen, lernen sie Erfolg kennen. **Wer Kinder gesund ernähren möchte, sollte nicht nur auf die Qualität und Zusammensetzung der körperlichen, sondern auch auf die der *geistigen*** Nahrung achten. Kinder, deren Hunger nach Sicherheit, Liebe, Freiheit, Spaß und Anerkennung gestillt wird und die ihren Wissensdurst löschen dürfen, sind lebensfroh und nehmen be-*geistert* am Leben teil.

> Wenn Kinder lustvolle Erfahrungen sammeln können, wenn ihr Bewegungshunger und Wissensdurst gestillt wird und wenn sie spielen dürfen, dann haben sie **Spaß und lernen** das Leben kennen.

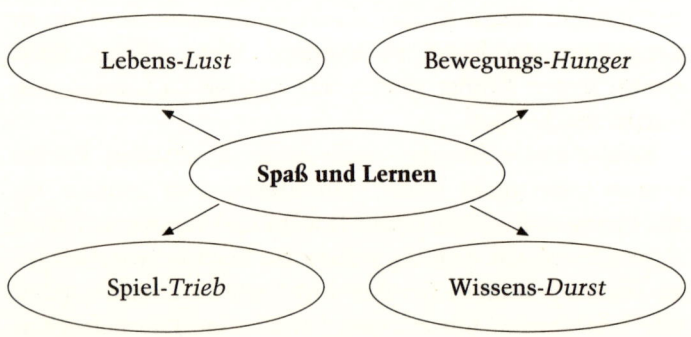

52

Impulse zum Nachdenken und Diskutieren

Was macht Ihrem Kind am meisten und was am wenigsten Spaß?

Was macht Ihnen und Ihrem Kind gemeinsam Spaß?

Was spielt und lernt es am liebsten?

Was macht Ihr Kind von sich aus? Wo zeigt es Engagement und Eigeninitiative?

Wo hält es sich am liebsten auf?

Was bringt Ihr Kind zum Lachen?

Worauf hat es am meisten und worauf am wenigsten Lust?

Womit können Sie Ihrem Kind eine Freude machen?

Was macht Ihrem Kind am wenigsten Freude?

Wofür interessiert sich Ihr Kind und woran hat es kein Interesse?

Wie testet Ihr Kind seine Angst- oder Schmerzgrenze?

Wann und wo verhält sich Ihr Kind unvorsichtig oder geht Risiken ein?

Wie neugierig ist Ihr Kind und woran erkennen Sie seine Neugier?

Wann reagiert Ihr Kind begeistert?

Was genießt Ihr Kind am meisten?

Was braucht Ihr Kind, um sich wohl zu fühlen? Wann beginnt es sich unwohl zu fühlen?

Was hält Ihr Kind gar nicht gut aus? Was würde es am liebsten vermeiden?

Wann ist Ihr Kind ganz entspannt?

Was stresst Ihr Kind? Wann ist es verkrampft und angespannt?

Schau mal, was ich kann!
Erfolg – Bestätigung – Anerkennung

Schon früh entdecken Kinder die **Lust an der Leistung**. Ein Beispiel: Unermüdlich schichtet Robert große Kieselsteine auf einen Haufen. Damit keinerlei Zweifel an der Schwere dieser Aufgabe aufkommen, wird die Tätigkeit von unüberhörbaren und demonstrativen Zeichen großer **Anstrengung** begleitet (in einem Comic wären jetzt die Wörter „Stöhn! Ächz! Uff! Schnauf! Schwitz!" zu sehen). Rollt ein Stein wieder herunter, wird er zurück an „seinen" Platz gelegt. Die Form muss stimmen, denn es ist nicht nur irgendein Steinhaufen, sondern ein ganz besonderer. Aus der Sicht von Robert natürlich der größte und schönste der Welt. Denn wer die größte Leistung bringt, ist auch der Größte. Als letzten Kieselstein sucht sich Robert deshalb einen besonders schweren aus. Jetzt muss er an seine **Leistungsgrenze** gehen, denn nur unter Aufbietung der letzten Kraftreserven lässt sich dieser Stein auf seinen Spitzenplatz legen. Mehrere Male rutscht ihm der Stein durch die Hände. Die Hände tun ihm weh. Er will aufgeben. Längst macht es keinen Spaß mehr. Doch Mama und Papa **fordern** ihn auf weiterzumachen. Schließlich habe er sein Ziel gleich erreicht. Er protestiert und behauptet, der Stein sei zu schwer. Doch seine Eltern **ermutigen** ihn. Immer wieder hört er: „Du schaffst das!" Er spürt, dass die Eltern ihm etwas zutrauen und ihm den Rücken (und die Hände) stärken. Das gibt ihm Selbstvertrauen. Immer wieder bemüht er sich. Die Anstrengung ist ihm ins Gesicht geschrieben. Trotzdem hat er keinen Erfolg. Er ist frustriert und verzweifelt. Jetzt gibt Papa ihm einen Tipp: „Versuch den Stein bis zum Turm zu rollen und heb ihn erst dann auf!" Das hilft und endlich ist es soweit: Der Stein liegt auf der Spitze. Der **Erfolg** ist da. Das Ziel ist erreicht. Die Spitzenleistung ist geschafft.

Doch eines fehlt noch, um den Erfolg in vollen Zügen genießen zu können. Die **Bestätigung** und die **Anerkennung** des Erfolgs. Deshalb wendet sich Robert nun seinem „Publikum" zu. Optimal ist es, wenn Mama und Papa als Zuschauer mitgefiebert haben und der Beifall ohne Aufforderung kommt. Zur Not wird er auch eingefordert: „Schau mal, was ich kann!", denn es geht nicht nur darum etwas zu können. Das Gekonnte muss auch wahrgenommen, bestätigt und bewundert werden. Sonst gilt es nichts. Ein Weltrekord ohne Zuschauer, die ihn bestätigen können, ist nichts wert. Er wird nicht anerkannt und derjenige, der ihn aufgestellt hat, ebenso wenig. Robert weiß erst dann, ob das, was er da geleistet hat, einen Wert hat, wenn es bewertet wird. Dass seine Leistung etwas wert ist, erkennt Robert erst im bewundernden Blick seiner Eltern.

Spätestens jetzt müssen Ausrufe der Bewunderung an Roberts Ohr dringen: „Wow, was für ein Riesenturm und wie stark du bist, unglaublich! Wir sind alle der Meinung, dass war ...!" Je mehr seine Leistung wertgeschätzt wird, desto wertvoller fühlt sich Robert. Sein **Selbstwertgefühl** wächst. Er ist stolz auf sich und seine Leistung. Je häufiger seine Leistungen be-achtet werden, desto größer wird seine **Selbstachtung**. Werden seine Leistungen dagegen häufig ignoriert oder schlecht gemacht, sind Minderwertigkeitsgefühle die Folge. Je öfter sein Tun gering geschätzt wird, desto mehr wird sich Robert selbst gering schätzen. Wenn sein Turm jedoch bewundert wird, weiß Robert, dass er etwas kann und dass seine Leistung anerkannt wird. Robert braucht diese Ermutigung. Sie dient ihm als Ansporn, die nächste Herausforderung in Angriff zu nehmen. Auch das Gefühl, dass er Unterstützung erfährt und dass ihn seine Eltern **fördern**, wenn er Hilfe braucht, ist wichtig für seinen zukünftigen Tatendrang. Hätte er den rettenden Tipp nicht bekommen, wäre er gescheitert. Käme das häufiger vor, würde er vielleicht schon bald als Verlierer oder neudeutsch *Loser* abgestempelt werden. Wenn seine Leistung nicht gewürdigt worden wäre, würde sich Robert entmutigt fühlen und vielleicht nie wieder einen Steinturm bauen. So aber wird er später, beim Abendbrot mit Gästen, mit seiner Leistung prahlen: „Und dann hab ich einen Turm gebaut, der war sooooo groß!" Und wehe, Papa oder Mama versuchen das Realitätsprinzip einzuführen: „Na, jetzt übertreib mal nicht so!" Dann werden sie mit giftigen Blicken und Zorn bestraft. Denn Robert will das Gefühl genießen „der Größte" zu sein.

Robert testet seine Kraft und sein Können nicht nur an Steinen. Immer wieder fordert er seinen Papa zum Wettrennen auf oder versucht ihn im Kampf zu besiegen. Diese Kämpfe sind eine heikle Angelegenheit. Einerseits bewundert er seinen Vater für dessen Kraft und Schnelligkeit und fühlt sich in seinen starken Armen geborgen. Er ist stolz darauf, einen so starken Papa zu haben und eifert ihm nach. Er macht seinen Eltern alles nach, weil er auch einmal so viel können will wie sie. Und spätestens wenn Papa und Mama genauso frustriert vor dem neuen DVD-Recorder stehen wie er damals vor dem Steinhaufen, wird seine große Stunde schlagen. Dann kann er sogar mehr als seine Eltern.

Andererseits tut es weh, gegen Papa zu verlieren und an die eigene Unterlegenheit erinnert zu werden. In der Hoffnung, diese „Scharte" eines Tages wieder wettmachen zu können, treiben Robert auch diese Niederlagen dazu an, genauso groß und stark zu werden wie der Papa. Um die Niederlagen nicht zu einer Demütigung zu machen, lässt ihn sein Papa manchmal gewinnen und für einen Moment darf Robert triumphieren und unwidersprochen und unwiderlegt behaupten: „Ich bin stärker als der Papa!"

Kinder brauchen schon früh das Gefühl, etwas zu können. Kinder wollen Könner sein. Um ihnen das Gefühl der Könnerschaft zu geben, müssen wir ihnen Erfolgserleb-

nisse vermitteln und ihre Erfolge bestätigen und anerkennen. Kinder wollen nicht nur geliebt werden, sondern mit
ihren Leistungen einen wichtigen Beitrag zur Familie und
zur Gesellschaft leisten. Jedes Kind
möchte sagen können: „Das kann ich,
da bin ich gut, da bin ich Experte, da
werde ich mit meiner Fähigkeit gese-
hen, da wird mein Können anerkannt, da leiste ich einen
wichtigen Beitrag." Jedes Mädchen und jeder Junge braucht
etwas, worauf er oder sie stolz sein kann.

Kinder wollen Könner sein

Das Bedürfnis nach Erfolg und Anerkennung darf nicht
mit dem Bedürfnis nach Freiheit, Kontrolle und Einfluss
verwechselt werden. Um etwas zu bewirken, muss man
nichts können. Wer einen Turm aus Bauklötzchen zerstört, hat etwas bewirkt, aber kann er ihn auch wieder aufbauen? Etwas in seinem Besitz zu haben, heißt noch lange
nicht, es zu beherrschen. Jeder kann eine Geige kaufen,
aber kann er sie auch spielen? Freie Zeit zu haben ist das
eine, sie befriedigend zu nutzen das andere.

Auch der Unterschied zum Spaßbedürfnis ist wichtig.
Vor dem Erfolg steht manchmal harte Arbeit, langweiliges
Üben und ermüdendes Wiederholen. Einen Actionfilm an-
zuschauen ist spannend, aber dazu braucht es kein Können. Vom 10-Meter-Brett zu springen braucht Mut, aber
keine besonderen Fähigkeiten.

Im Folgenden einige Beispiele für den Wunsch der Kinder
nach Erfolg, Status, Bewunderung, Ruhm und Ehre. Die Aufgabe lautete: „Schreib deine drei wichtigsten Wünsche auf."

- Auf jeden Fall berühmt werden.
- Super-Star werden.
- Dass ich Formel 1 fahre.
- Königin der Welt zu sein.
- Profifußballer werden.
- Millionär zu sein.

- Eine Villa.
- Immer Einser schreiben.
- Der Schlauste zu sein.
- Geile Klamotten kaufen.
- Dass ich irgendetwas ganz besonders gut kann.
- Irgendwann perfekt reiten zu können.
- Einen Ferrari.
- Dass ich nicht sitzen bleibe.
- Groß werden, stark werden.
- Eine eigene Firma gründen.
- Eine bekannte Turnerin und eine bekannte Autorin sein.

Will ein Kind herausfinden, wie viel es kann, muss es sich mit anderen vergleichen. Nur wenn es vergleichsweise gut ist, wird es sich auch vergleichsweise gut fühlen. Es muss sein Können beweisen. Dann kommt es zum Kräftemessen und der wichtigste Vergleichsmaßstab sind nicht die Eltern, sondern die Gleichaltrigen.

Um solche Wettbewerbssituationen selbstsicher durchstehen und auch mit Misserfolgen umgehen zu können, brauchen Kinder ein gesundes Selbstwertgefühl, das sie nicht verlässt – auch wenn Erfolge und mit ihnen Anerkennung und Wertschätzung von außen einmal ausbleiben. Hier sind Sie als Eltern gefragt: Stärken Sie das Selbstwertgefühl und die Selbstachtung Ihrer Kinder, indem Sie ihnen Erfolgserlebnisse vermitteln.

Wer sich als Versager fühlt, dem nützen weder Sicherheit, Liebe, Freiheit noch Spaß etwas. Das mangelnde Selbstwertgefühl wird alles überschatten. Der nagende Zweifel an der eigenen Leistungsfähigkeit wird das gesamte Verhalten des Kindes beeinflussen.

Das Beispiel von Robert zeigt, worauf es ankommt, wenn man Kindern Erfolgserlebnisse bescheren möchte. Man kann Leistungen nicht nur einfordern, sondern muss sie auch fördern und anerkennen. Diese Erfolgskriterien sind unabhängig vom Alter. Auch erfolgreiche Ausbilder, Anleiter, Trainer und Chefs von Erwachsenen arbeiten im Dreiklang von Fordern, Fördern und Anerkennen.

1

Fordern

Wer den ersten Schritt zum Erfolg machen will, braucht eine angemessene Herausforderung. Angemessen heißt, die Aufgabe sollte die Leistungsgrenze der Kinder herausfordern, sie aber nicht überfordern. Kinder (und nicht nur sie) brauchen Herausforderungen, um sich neue Handlungsspielräume und Kompetenzen zu erschließen.

Weil Kinder Freude daran haben, etwas zu leisten, genügt es, sie genau zu beobachten und ihnen genügend „Aufgabenmaterial" zur Verfügung zu stellen. Jedes Kind hat bestimmte Talente und Begabungen. Diese gilt es zu erkennen und durch angemessene Aufgaben zu entwickeln. Je vielseitiger die Aufgaben sind, aus denen ein Kind wählen kann, desto mehr Kompetenzbereiche kann es sich erschließen. Je mehr Kompetenzbereiche sich ein Kind erschließen kann, desto größer wird wiederum die Zahl möglicher Erfolgserlebnisse. Welche Möglichkeiten, sich zu bewegen, bieten sich dem Kind an? Hat es Gelegenheit, Musik zu machen, zu tanzen oder Theater zu spielen? Stehen Materialien zum Bauen, Werkeln, Basteln, Formen, Malen und Gestalten zur Verfügung? In welche Wissensgebiete kann es sich mit Hilfe welcher Medien vertiefen?

> Jedes Kind hat bestimmte Talente und Begabungen

Fördern

Wenn Kinder spielen, hören sie einfach auf, wenn sie keine Lust mehr haben oder etwas anderes spielen wollen. Wo das zweckfreie Spiel aufhört, beginnt die zielgerichtete Arbeit. **Auch wenn Arbeit Spaß machen kann, ist sie nicht immer das reinste Vergnügen.** Obwohl einem Kind Erfolge auch in den Schoß fallen können, wenn es Talent hat, und obwohl jedem Kind bestimmte Arbeiten auch leicht fallen, ist Arbeit immer mit einer gewissen Anstrengung verbunden. In den meisten Fällen kommt der Erfolg nicht von alleine, sondern ist der Lohn der Mühe. Wenn man Experten nach den Gründen ihres Erfolgs fragt, hört man häufig die Antwort: *„Üben, üben und nochmals üben!"* Bevor eine Musikerin ihr Instrument virtuos beherrscht, muss sie bestimmte Fingertechniken so lange üben, bis sie „sitzen". Will sie ein Musikstück auswendig spielen, muss sie es so oft wiederholen, bis sie es im Schlaf beherrscht. Und auch wenn ihr das langweilige Üben und mühsame Wiederholen schon zum Hals heraushängen, darf sie nicht aufgeben, wenn sie den Erfolg nicht gefährden will. Große Erfolge erfordern große Anstrengungen. Wer bei einer schweren Aufgabe bis zum Schluss durchhält, dem winkt vielleicht nicht nur der Erfolg, sondern auch Anerkennung.

> Wer bei einer schweren Aufgabe bis zum Schluss durchhält, dem winkt vielleicht nicht nur der Erfolg, sondern auch Anerkennung

Wenn ein Kind eine schwierige Aufgabe lösen, eine große Anforderung bewältigen, eine unangenehme Arbeit erledigen, ein neues Musikstück oder eine neue Lektion lernen möchte, wird es unweigerlich auch zu Misserfolgserlebnissen kommen. Irgendwann macht die Arbeit keinen

Spaß mehr. Irgendwann tut etwas weh oder wird zu anstrengend. Der Reiz des Neuen ist verflogen und die Tätigkeit wird langweilig. Die Arbeit kommt ins Stocken und das Kind möchte aufgeben. Dann sind die Eltern als Motivationskünstler gefragt. Jedes Kind muss lernen, dass es eine Aufgabe erst dann erfolgreich gemeistert hat, wenn sie begonnen, durchgehalten und zu Ende geführt wurde. Wenn Kindern etwas Schweres zugemutet wird, spüren sie, dass ihnen etwas zugetraut wird. Je häufiger Kinder schwierige Aufgaben lösen, desto eher werden sie sich an Herausforderungen wagen.

Wie in Roberts Beispiel läuft jede Motivationsarbeit in verschiedenen Phasen ab. Ein zweites Beispiel soll dies weiter verdeutlichen: Laura kann schon ganz gut schwimmen und will heute unbedingt zum ersten Mal eine ganze Bahn im Schwimmbad durchschwimmen. Voller Vorfreude und Begeisterung beginnt sie wie wild drauflos zu schwimmen.

1. Ihre Mutter ermahnt sie, langsamer zu machen. Laura muss lernen, dass man bei einer größeren Aufgabe die **Kräfte gut einteilen** muss. Manche Aufgaben muss man sogar in **mehrere Etappen aufteilen**, damit sie zu bewältigen sind.

2. Obwohl sie eine begabte Schwimmerin ist, hat sich Laura nach noch nicht einmal der Hälfte der Strecke so verausgabt, dass sie aufgeben möchte. Jetzt bedarf es einer energischen, klaren und unmissverständlichen **Aufforderung** weiterzumachen. „Du solltest jetzt nicht aufgeben. Ich möchte, dass du weiterschwimmst!"

3. Auf diese Aufforderung reagiert Laura mit einer Gegenforderung: „Dann musst du mir aber auch helfen! Los, schieb mich an!" Ihre Mutter weiß, dass sie Laura **die Anstrengung nicht abnehmen** darf. Sonst ist der Erfolg nicht mehr ihr eigener. Sie bietet eine andere Form der **Unterstützung** an. Um es Laura leichter zu machen,

gibt sie ihr einen Tipp: „Wenn du den Kopf zwischen die Arme nimmst, während du dich nach vorne stößt, kannst du dich ein bisschen ausruhen und kommst schneller voran." Die Hilfestellung wirkt. Laura spürt, dass sie nicht nur gefordert, sondern auch gefördert wird.

4. Nach einiger Zeit wird das Schwimmen jedoch erneut so beschwerlich, dass Laura meint, nicht mehr zu können. Ihre Mutter versucht sie auf andere Weise zu motivieren: „Stell dir vor, wie toll das sein wird, wenn du am Ziel bist. Wie du dich freuen wirst. Wie stolz du auf dich sein wirst. Der Papa wartet da vorne schon auf dich. Schwimm zu ihm!" Laura muss lernen, die Gefühle des zukünftigen Erfolgs in sich aufzurufen, um die momentane „Durststrecke" zu überwinden. Indem sie in die Zukunft schaut und den **Erfolg vorwegnehmen** kann, motiviert sie sich selbst. So lernt sie ihre Bedürfnisse aufzuschieben und vergrößert ihre Frustrationstoleranz.

5. Laura protestiert heftig. Aus der Frustration wird Wut gegen die „böse Mama". Jetzt heißt es souverän reagieren und den Protest und die **Wut akzeptieren**. Lauras Mutter sollte sich jetzt nicht persönlich angegriffen fühlen und beleidigt oder mit Drohungen, Demütigungen, Vorwürfen und Gegenangriffen reagieren: „Sei doch nicht so bockig. Ich will doch nur dein Bestes. Dann mach doch was du willst. Das ist nun der Dank, dass ich mit dir schwimmen übe. Wenn du so weitermachst, gehe ich gar nicht mehr mit dir schwimmen. Das soll ein starkes Mädchen sein? Du bist doch kein kleines Baby mehr. Was machst du denn für ein Theater? Du solltest dich schämen. Schau mal, die anderen lachen ja schon über dich."

6. Ganz im Gegenteil: Jetzt geht es darum, Laura noch stärker zu motivieren. Darum führt ihre Mutter ihr vor Augen, was sie schon erreicht hat. Sie gibt ihr eine **Er-**

folgsrückmeldung: „Gleich hast du es geschafft. Über die Hälfte bist du schon geschwommen. Jetzt fehlt nur noch ein kleines Stück. Dann kannst du jubeln." So lernt Laura, dass man größere Aufgaben mental in mehrere Teile aufteilen muss und sich über **Teilerfolge** und das Erreichen der **Zwischenziele** freuen kann.

7. Lauras Protest wird heftiger. Ihre Begeisterung ist verflogen. Jetzt muss die Mutter Laura anfeuern: „Super! Du machst das klasse! Weiter so! Halt durch! Du schaffst das!" Diese **Ermutigung** tut Laura gut. Sie spürt, dass die Mama ihr etwas zutraut. Jetzt traut sie sich auch an das letzte Stück heran. Sie mobilisiert ihre letzten Kraftreserven. Verzweifelt kämpft sie um den Erfolg.

8. Erschöpft, aber glücklich erreicht sie den Beckenrand und kann sich im Beifall und in der **Anerkennung** ihrer Eltern sonnen. Laura weint und lacht gleichzeitig. Sie heult vor Erschöpfung und jubelt vor Freude. Doch schon wenige Stunden später, als sie bei Oma und Opa zu Besuch sind, sind alle Strapazen vergessen und eine stolze Laura erzählt mit allen nötigen Ausschmückungen von ihrer großen Heldentat. Im bewundernden Blick ihrer Großeltern erkennt sie die Größe ihrer Leistung und träumt in der Nacht vom nächsten Erfolg.

Wer auf diese Weise Kinder zu starken Leistungen motiviert, stärkt ihre **Anstrengungsbereitschaft**. So lernen Kinder, wie sie ihren inneren „Schweinehund" überwinden können. Sie lernen, dass es sich lohnt, sich in die Arbeit hineinzuknien und sich für den gewünschten Erfolg abzurackern. Sie lernen, dass es sich lohnt, ein Ziel hartnäckig zu verfolgen und sich durch anfängliche Misserfolge nicht vom Weg abbringen zu lassen. Sie lernen sich durchzubeißen und durchzuboxen.

Jahre später schwimmt Laura immer noch. Ihre Eltern müssen sie nicht mehr anfeuern. Das tut sie nun selbst. Stetig, beharrlich, unermüdlich, ausdauernd und geduldig zieht sie ihre Bahnen. Wenn ein Kind in jungen Jahren häufig motiviert wurde, wird es diese „Motivationstechniken" verinnerlichen. Es wird unabhängig von der Motivation durch die Eltern. Es kann sich selbst motivieren. Jetzt ist das Kind selbst ein Motivationskünstler geworden und kann stundenlang schwimmen, Einrad fahren oder irgendwelche Skateboard-Tricks üben. **Beginnen, dranbleiben und zu Ende bringen – das sind die Wegmarkierungen, die Eltern ihren Kindern, auf dem Weg zum Erfolg, mitgeben sollten.**

3

Anerkennen

Wer etwas geleistet hat, möchte, dass seine Leistung gesehen, bestätigt, geschätzt und gewürdigt wird. Kinder ohne Anerkennung werden lustlos, resigniert und apathisch. Bei Erwachsenen wird diese Reaktion „innere Kündigung" und „Burnout" genannt. Die Vorfreude auf die Wertschätzung des Erfolgs durch andere, ist der Stoff, der nicht nur Kinder und Jugendliche zu Höchstleistungen antreibt. Anerkennung ist der Schlüssel zum Erfolg.

> Anerkennung ist der Schlüssel zum Erfolg

4

Respektieren

Jedes Kind möchte respektiert und respektvoll behandelt werden. Respekt ist eine ganz besondere Form der Anerkennung. Wer andere respektiert, anerkennt die prinzipielle Gleichwertigkeit jedes Menschen. Wer jemandem mit Respekt begegnet, der schaut nicht auf ihn herab. Wer jemanden respektiert, macht ihn nicht klein. Wer vor jemandem Respekt hat, vergreift sich weder an ihm noch an seinem Eigentum.

Wir können nicht jedem Kind dieselbe Liebe geben, aber denselben Respekt. Wir können jedes Kind respektvoll behandeln. Wer ein Kind erniedrigt, demütigt, quält oder ihm körperliche Schmerzen zufügt, der behandelt es unmenschlich. Respekt ist unabhängig von Liebe. Auch wenn wir jemanden nicht mögen, können wir ihn respektieren.

> Jedes Kind möchte respektiert und respektvoll behandelt werden

Umgekehrt wird nicht jeder, der respektiert wird, auch geliebt. Liebe kann man sich nicht wie Respekt erarbeiten, verschaffen und erkämpfen. Liebe ist ein Geschenk. Nicht jeder kann jeden lieben. Aber jeder kann jeden respektieren. Wenn Kinder von ihren Eltern nicht mit Respekt behandelt werden, können Kinder ihren Eltern auch keinen Respekt entgegenbringen. Wer entwürdigend behandelt wird, verliert seine Ehre und ist in Gefahr, auch andere unwürdig zu behandeln, um seine Ehre und Würde mit Gewalt zu „retten".

Wir können nicht verhindern, dass wir Menschen beurteilen, einschätzen und einordnen. Wir können nicht gegen unser Bedürfnis nach Sicherheit, Orientierung und Struktur arbeiten. Um zu wissen, mit wem wir es zu tun haben, müssen wir unser Gegenüber einschätzen. Dieses Bedürfnis ist tief in unserer Vergangenheit verwurzelt. In jeder sozialen Gemeinschaft gibt es Rangordnungen – offen oder versteckt, ausgesprochen oder unausgesprochen. Wer zu einer Gruppe oder Gesellschaft neu hinzukommt, wird vielleicht respektvoll behandelt. Das heißt aber noch lange nicht, dass er eine akzeptierte Stellung in der Gruppe oder Gesellschaft hat. Er hat vielleicht die gleichen Rechte, aber nicht das gleiche Ansehen.

Die Frage ist nicht, ob wir jemanden beurteilen, sondern aufgrund welcher Merkmale. Wer aufgrund seiner Hautfarbe „abgestempelt" wird, landet in der untersten Schublade. Egal wie sie oder er sich verhält, es wird sich nichts daran ändern. Der Vorgang des Einordnens ist erledigt. Ein für alle Mal. Ohne Wiedervorlage. Dieser Mensch hat keine Chance mehr. Er ist dieser Bewertung hilflos ausgeliefert. Er kann nichts dagegen unternehmen.

Kinder und Jugendliche wollen aber genauso wenig wie Erwachsene aufgrund von Äußerlichkeiten in irgendwelche Schubladen gesteckt werden. Kinder wollen, dass ihr Verhalten zählt. Menschen möchten aufgrund ihrer Leistungen beurteilt werden und nicht aufgrund ihres Geschlechts, ihrer Hautfarbe, ihrer Nationalität, ihrer Kleidung, ihres Aussehens, ihres Kontostandes oder sonstiger Äußerlichkeiten. Denn wenn der Respekt nicht an Äußerlichkeiten festgemacht wird, zählt das individuelle Können: die Musikalität, das handwerkliche Geschick, die Kreativität, die Sportlichkeit, das Wissen, der gekonnte Umgang mit anderen. Dann kann sich jeder aus eigener Kraft und mit Hilfe seiner individuellen Stärken, Respekt verschaffen. Wenn der Respekt vom eigenen Verhalten abhängt, kann man sich den Respekt verdienen. Wer aufgrund seiner Leistungen eingeschätzt wird, der hat sein Schicksal im Rahmen seiner Leistungsfähigkeit selbst in der Hand.

Respekt und Anerkennung bergen Risiken in sich: Wer sich allzu sehr darin sonnt, läuft Gefahr die Bodenhaftung zu verlieren, abzuheben und überheblich zu werden. Wer überheblich ist, behandelt andere abschätzig und von oben herab. Um dies zu verhindern, muss besonders hochrangigen Personen besonders genau „auf die Finger" geschaut werden. Deshalb werden an einen Politiker z. B. auch andere Verhaltensmaßstäbe angelegt als an einen „Normalbürger".

Auch Eltern sind in Gefahr, überheblich zu werden.
Denn auch Eltern stehen auf einer anderen Stufe als ihre
Kinder. Eltern sind ihren Kindern in vielem überlegen und
sie haben das Sagen. Kinder sind den Eltern gegenüber
gleichwertig, aber nicht gleichrangig. Und das ist auch gut
so. Doch Eltern dürfen diese Machtstellung nicht ausnutzen. Sie dürfen ihre Kinder nicht benutzen und missbrauchen. Kinder sind kein Besitz. Kinder sind keine Verfü-
gungsmasse. Und doch geht es bei vielen Scheidungen
darum, wer die Kinder *bekommt*. Die Opposition kontrolliert die Regierung – wer kontrolliert uns Eltern?

**Jeder Mensch ist gleich viel wert, aber nicht jedes Ver-
halten.** Da haben wir sie wieder, die Trennung von Person
und Verhalten. Diesen obersten Grundsatz der Erziehung,
nach dem zwar alle Gedanken, Gefühle und Bedürfnisse eines Kindes akzeptiert werden sollten,
aber nicht jedes Verhalten. Kinder machen sich ihre eigenen Gedanken und
haben ihren eigenen Willen. Und das
sollten Eltern respektieren. Aber auch
wer sein Kind bedingungslos liebt und
als eigenständige Person annimmt, darf
nicht jedes Verhalten respektieren.
Nicht alles, was ein Kind gerne tun würde, darf es in die
Tat umsetzen. Nicht alles, was ein Kind sagt und tut, darf
respektiert werden.

> Kinder müssen
> nicht jedes Ver-
> halten ihrer Eltern
> oder anderer
> Erwachsener
> respektieren

Was für die Eltern gilt, gilt auch für die Kinder. Kinder
müssen nicht jedes Verhalten ihrer Eltern oder anderer Er-
wachsener respektieren. Wenn Eltern sich respektlos verhalten, verlieren Kinder jeden Respekt vor ihnen und verhalten sich ihrerseits respektlos. Wenn Eltern nicht
respektabel erziehen, werden sie auch keinen respektablen
Erziehungserfolg haben.

Damit Kinder **Erfolg** haben können **und Bestätigung** erfahren, müssen Leistungen nicht nur gefordert, sondern auch gefördert, anerkannt und respektiert werden.

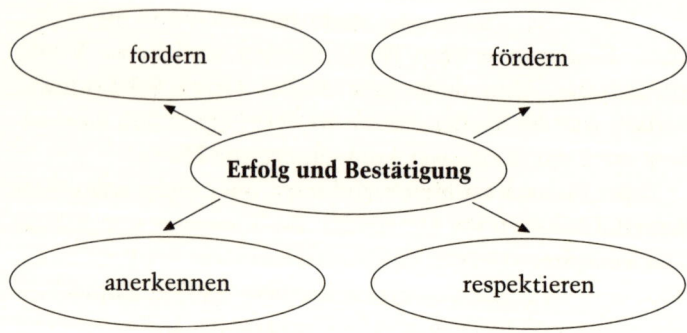

Impulse zum Nachdenken und Diskutieren

Wo fordern Sie Leistungen von Ihrem Kind ein?

Für welche Leistungen erhält Ihr Kind Anerkennung?

Wofür hat Ihr Kind schon einmal Beifall bzw. Applaus bekommen?

Auf welche Leistungen ist Ihr Kind stolz?

In welchen Bereichen sammelt Ihr Kind Erfolgserlebnisse?

Was sind ihre oder seine Stärken, Begabungen, Talente und Fähigkeiten?

Was sind die größten Schwächen Ihres Kindes? Arbeiten Sie gemeinsam daran?

In welchen Bereichen hat Ihr Kind Schwierigkeiten durchzuhalten? Was frustriert Ihr Kind am meisten? Was gelingt ihr oder ihm am wenigsten? Was entmutigt sie oder ihn? Wozu muss sich Ihr Kind regelmäßig überwinden?

Wo sucht Ihr Kind den Wettbewerb mit anderen?

Wo gewinnt Ihr Kind meistens und wo verliert es?

In welchen Bereichen zeigt Ihr Kind die größte und in welchen Bereichen die geringste Anstrengungsbereitschaft?

Gibt es Bereiche, in denen sich Ihr Kind über- oder unterfordert fühlt? Wenn nein: Was macht Sie in dieser Hinsicht sicher? Wenn ja: Was tun Sie dagegen?

Wie motivieren Sie Ihr Kind, wenn es aufgeben möchte?

Wie unterstützen Sie Ihr Kind? Wo und wie fördern Sie es? Wie stärken Sie ihr oder ihm den Rücken? Wie ermutigen Sie Ihr Kind?

Wie gehen Sie und Ihr Kind damit um, wenn mal etwas misslingt? Wie reagieren Sie darauf, wenn Ihr Kind Fehler macht?

Wie groß ist die Frustrationstoleranz Ihres Kindes? Wie lange kann es auf einen Erfolg oder eine Anerkennung warten?

Zusammenfassung

Das menschliche Streben nach Glück ist eine fortwährende Suche nach Sicherheit, Liebe, Freiheit, Spaß und Erfolg. Auch für Kinder gilt, dass es diese Bedürfnisse sind, die sie antreiben und ihr Leben bestimmen. Wer Kinder stark und glücklich machen möchte, sollte auf diese Bedürfnisse der Kinder eingehen und sie so gut wie möglich stillen. „So gut wie möglich", heißt nicht „perfekt". Gesunde Ernährung ist nicht zu üppig, aber vielseitig und ausgewogen. Servieren Sie ihrem Kind ein abwechslungsreiches Fünf-Gänge-Erziehungsmenü:

1. Ich gebe dir Halt!
Sicherheit – Orientierung – Struktur
Mit Grenzen, Regeln und Ritualen arbeiten.

2. Ich bin für dich da!
Liebe – Nähe – Zugehörigkeit
Zeit, Aufmerksamkeit und Annahme schenken.

3. Bin selber groß!
Freiheit – Kontrolle – Einfluss
Freiräume und Mitwirkungsmöglichkeiten anbieten.

4. Voll geil!
Spaß – Lernen – Spiel
Den Wissensdurst, den Bewegungs- und den Erlebnishunger stillen.

5. Schau mal, was ich kann!
Erfolg – Bestätigung – Anerkennung
Ermutigen und Erfolgserlebnisse vermitteln.

Alles unter einen Hut bringen
Bedürfnisse im Zusammenspiel

Obwohl die fünf Grundbedürfnisse nach Sicherheit, Liebe, Freiheit, Spaß und Erfolg getrennt voneinander vorgestellt und beschrieben wurden, sind sie in der Realität nicht voneinander zu trennen. Jedes Bedürfnis ist mit jedem anderen eng **verbunden**. Ständig gibt es neue Bedürfniskonstellationen, Vermischungen, Überschneidungen, Schattierungen und Abstufungen.

Es gibt auch keine bestimmte Reihenfolge oder Bedürfnishierarchie, wie es die Nummerierung vielleicht suggerieren könnte. Jedes Grundbedürfnis kommt mit dem gleichen Recht daher wie alle anderen Grundbedürfnisse und ist genauso wichtig wie sie. Dennoch sind die Bedürfnisse nicht statisch. Ihre Gewichtung verschiebt sich ständig. Mal steht das eine Bedürfnis mehr im Vordergrund, mal das andere.

Die fünf Bedürfnisse lassen sich auch nicht einfach „ein-" und „ausschalten" , wenn sie einem gerade nicht passen. Ein Kind kann nicht sagen: „Meine Mama fährt für eine Woche weg, dann schalte ich jetzt mal das Bedürfnis nach Liebe und Nähe ab." Oder: „Mein Papa sagt, ich soll aufräumen, dann schalt' ich jetzt mal mein Freiheits- und Selbstbestimmungsbedürfnis ab". Oder: „Ich muss jetzt Hausaufgaben machen, dann schalte ich jetzt mal mein Spiel-, Spaß- und Bewegungsbedürfnis ab." Alle Bedürfnisse sind gleichzeitig und **permanent** aktiv, 24 Stunden am Tag, auch nachts. Kinder

> Grundbedürfnisse lassen sich nicht ausschalten

lernen buchstäblich im Schlaf. Auch im Traum werden Un-**Sicherheit,** Verlust von **Kontrolle** und Ohnmachtserfahrungen, mangelnde **Liebe,** Trennungsängste und Gefühle des Abgelehntwerdens sowie **Erfolge** und Misserfolge verarbeitet.

Das Glücksprinzip

Da die Grundbedürfnisse in einem gleichrangigen, ungeordneten, dynamischen und prozesshaften Zusammenhang stehen, sind die jeweiligen Bedürfnismuster **weder steuerbar noch vorhersehbar.** Kleine Veränderungen in den inneren oder äußeren Umweltbedingungen eines Kindes können zu völlig veränderten Bedürfniskonstellationen führen. Und jedes Kind drückt seine Bedürfnisse auf eine einmalige Art und Weise aus.

Trotzdem gibt es ein Ordnungsprinzip, dem alle Bedürfnisse gehorchen: das Glücksprinzip, das Wohlfühlprinzip oder das Lustprinzip. Bisher wurde das Bedürfnis nach Spaß und Lustgewinn als Einzelbedürfnis vorgestellt. Als eines unter fünf. Dieses Bedürfnis hat jedoch auch noch eine übergeordnete Funktion. Was bisher vielleicht ein wenig oberflächlich klang – so nach dem Motto „Ein bisschen Spaß muss sein!" – ist in Wirklichkeit das wichtigste Regulationsprinzip lebender Systeme, einschließlich des Menschen: Angenehme und lustvolle Erlebnisse werden gesucht. Unangenehme und schmerzliche Erlebnisse werden nach Möglichkeit vermieden. **Die Kunst dabei ist, möglichst alle Bedürfnisse unter einen Hut zu bringen.** Jeder Mensch versucht die unterschiedlichen Bedürfnisse so zu gewichten und zu befriedigen, dass am Ende eine möglichst positive Bilanz steht: eine Glücksbilanz bzw. eine Wohlfühlbilanz. Auch Kinder wollen lieber an etwas Schönes denken, gute Gefühle haben und sich körperlich wohl fühlen, als unangenehme Gedanken, schmerzliche Gefühle und körperliches Unbehagen zu ertragen. Im verwirrenden Dschungel sich teilweise wiedersprechender Wünsche, Sehnsüchte, Hoffnungen und Bedürfnisse sucht jedes Kind den Weg, der ihm am meisten Glück verspricht. Da jedes Kind einen ganz individuellen Wohlfühlbereich hat, ist jeder Weg einzigartig. Glück ist relativ.

Grundbedürfnisse können existentiell voneinander abhängen. Wird das eine nicht befriedigt, kann auch das andere nicht zu seinem Recht kommen. Bestimmte Tätigkeiten wie das Spiel sind nur im Zusammenspiel aller Grundbedürfnisse optimal möglich.

Vertrauen, Geborgenheit und Spiel

Jedes Kind braucht die Nahrung, den Schutz und die Liebe einer anderen Person, um zu überleben. Nahrung und Schutz geben **Sicherheit**. Deshalb sucht jedes Kind nach der Geburt instinktiv die Nähe und Brust der Mutter. Ein Kind wird an der Brust der Mutter nicht nur durch die Milch satt und still. Es wird auch durch ihren bekannten Geruch, ihren beruhigenden Herzschlag und durch die Wärme ihrer Haut gestillt. Im Schutz ihrer Arme nimmt es die **Liebe** in ihren Augen wahr und sieht sich daran satt. Nahrung, Schutz und Liebe vermitteln Kindern das Gefühl von Vertrauen und Geborgenheit.

Für einige Zeit sind diese Bedürfnisse so wichtig, dass nichts anderes zählt. Aber immer häufiger zeigen sich zwei andere Bedürfnisse. Das Kind verfolgt mit wachen Augen seine Umgebung und beginnt Interesse an der Umwelt zu zeigen. Es wird immer neugieriger und hat zunehmend Spaß daran, die Welt zu entdecken und mit ihr und den darin vorkommenden Personen in Kontakt zu treten. Es entdeckt das Spiel. Und irgendwann kommt die Zeit, wo es krabbeln kann. Kinder genießen diese neu gewonnene **Freiheit**. Das Krabbeln macht ja vor allem deswegen so viel Spaß, weil man weg- und zu den neuen und interessanteren Personen und Sachen hinkrabbeln kann. Wenn sich Kinder krabbelnd bewegen, ist dies meistens eine Freiheits- oder Unabhängigkeitsbewegung. Wenn ein Kind krabbeln kann, kann es die Welt aktiv und raumgreifend erkunden und aufregende **Spiele** entdecken. Dazu muss es sich aber von Mama und Papa weg bewegen. Später kann es sogar vor ihnen weg-rennen. Zu den Bedürfnissen nach Sicherheit und Liebe kommen die Bedürfnisse nach Freiheit und Spiel hinzu.

Sind die Arme der Erwachsenen anfänglich vor allem dazu da, einem Kind Schutz und Halt zu geben, müssen sie das Kind spätestens dann, wenn es krabbeln kann, auch zurückhalten und seinem Freiheitsdrang **Grenzen** setzen. Dieser Freiheitsentzug führt zu heftigen Reaktionen. Das Kind reibt sich an den Grenzen. Es entsteht ein intensiver Kontakt, eine heftige Nähe und – ausgelöst durch die „Reibungs-Wärme" – eine ziemlich hitzige Atmosphäre.

Eine andere Art des Kontakts entsteht, wenn wir Kindern Zeit geben, sie im Arm halten, sie bedingungslos annehmen und ihnen unsere ungeteilte Aufmerksamkeit schenken. Dann entsteht eine liebevolle Nähe. In beiden Fällen wächst jedoch eine verlässliche Beziehung. Sowohl verlässliche Grenzen als auch verlässliche Liebe geben Kindern Halt und ein Gefühl der Beheimatung. Das heißt, nicht nur Nahrung und Schutz, sondern auch Grenzen geben Kindern Sicherheit. In Verbindung mit Liebe entsteht daraus Vertrauen und Geborgenheit. Oder anders ausgedrückt: **Wenn sich das Angebot an Nahrung, Schutz und Grenzen mit Liebe verbindet, entstehen Vertrauen und Geborgenheit.**

Sicherheit und Liebe führen zu Vertrauen und Geborgenheit

Vertrauen und Geborgenheit sind das Fundament, auf dem Freiheit und Spiel wachsen können. Denn ein Kind fühlt sich nur unter drei Bedingungen frei, sich von den Eltern ab- und dem Spiel zuzuwenden:

1. Es muss **satt** sein. Wer Hunger hat, dem macht das Spielen keinen Spaß.
2. Es muss sich **sicher** und wohl fühlen, d. h. es darf nichts wehtun oder Angst machen. Wer sich verletzt hat, für den ist das Spiel erst einmal gestorben. Wem die fremde Umgebung oder fremde Personen Angst machen, der kann nicht unbeschwert spielen.
3. Es muss sich sicher gebunden und **geliebt** fühlen. Es muss viele Male die Erfahrung gemacht haben, dass die Eltern immer noch da sind und es freudig in die Arme schließen, wenn es aus dem selbstvergessenen Spiel auftaucht und dass es mit Sicherheit und voller Freude jeden Tag vom Kindergarten abgeholt wird. Wer bei den Eltern keinen Schutz findet, kann sich nicht vertrauensvoll dem Spiel widmen. Wenn sich Mutter oder Vater enttäuscht abwenden, sobald das Kind nicht die Eltern, sondern die Weite und das Spiel sucht, wird es sich beim Spiel zurückhalten. Wer sich von den Eltern abgelehnt fühlt, der verliert selbst die Lust am Spiel. Wer Angst haben muss, dass die Eltern weggehen oder nicht mehr wiederkommen, wenn er sich dem Spiel zuwendet, darf die Eltern nicht aus den Augen lassen.

Wenn sich ein Kind sicher fühlt und die Liebe der Eltern spürt, fühlt es sich geborgen und kann im Vertrauen auf sich und die anderen neue Spiel-Räume erobern.

Sicherheit und Liebe sind die Voraussetzungen für selbständiges Spiel. Ob ein Kind dann tatsächlich frei spielen kann und will, ist von drei weiteren Voraussetzungen abhängig:

4. Es muss sich **frei** fühlen. Wenn Spielen verboten ist oder ein Kind vom Spiel abgehalten wird, kann es nicht spielen. Wenn es ständig im Spiel unterbrochen, abgelenkt oder herumdirigiert wird, kann es nicht hingebungsvoll und selbstbestimmt spielen.

5. Es muss sich zum Spiel **angeregt** fühlen. Die Umwelt muss so viele Reize bieten, dass es für das Kind reizvoll wird, damit zu spielen. Wer nichts zum Spielen hat, kann schlecht spielen.

6. Es muss sich **ermutigt** und unterstützt fühlen. Es braucht Anerkennung und Bestätigung: „Das war aber ein schönes Spiel! Du kannst ja schon ganz toll spielen!" Wenn ein Spiel schlecht gemacht wird, wird sich das Kind schlecht fühlen. Wer beim Spiel schlecht gemacht wird, dem vergeht der Spaß. Nur wenn ein Kind zum Spiel ermutigt wird und Anerkennung dafür bekommt, wird es sich im Spiel bestätigt fühlen. Wenn es keine Hilfe erfährt, wenn das Spiel ins Stocken kommt, wird es aufgeben und das Spielen lassen. Um unbeschwert spielen zu können, brauchen Kinder nicht nur Vertrauen und Geborgenheit, sondern auch Ermutigung und Anerkennung.

Nur wer genug Anregungen bekommt, freigelassen und ermutigt wird, kann ausgelassen spielen. **Um frei spielen zu können, brauchen Kinder eine Umgebung, die Sicherheit, Liebe, Freiheit, Anregungen und Ermutigung zugleich bietet.** Da sind sie aufgereiht, die fünf Grundbedürfnisse. Beim Spiel sind sie alle mit von der Partie.

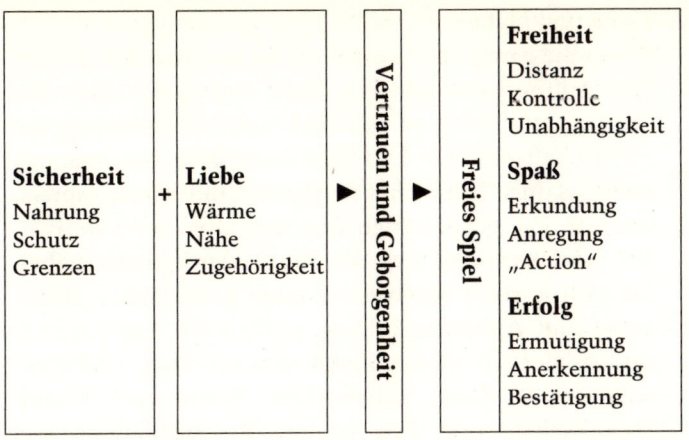

| Sicherheit | + | Liebe | ▶ | Vertrauen und Geborgenheit | ▶ | Freies Spiel | **Freiheit** Distanz Kontrolle Unabhängigkeit **Spaß** Erkundung Anregung „Action" **Erfolg** Ermutigung Anerkennung Bestätigung |

Sicherheit
Nahrung
Schutz
Grenzen

Liebe
Wärme
Nähe
Zugehörigkeit

Je älter die Kinder werden, je mehr ihre Fähigkeiten wachsen, desto größer wird das Spektrum möglicher Spiele. Da mit dem Alter auch das Bedürfnis nach Erfolg wächst, werden zunehmend Spiele gespielt, bei denen es darum geht, zu gewinnen. Auch diese Spiele sind ein hervorragendes Spielfeld zur gleichzeitigen Befriedigung aller fünf Grundbedürfnisse.

Das bekannte Spiel „Mensch ärgere dich nicht" soll dies verdeutlichen:

1. Sicherheit und Orientierung
   Das Spiel hat klare und einfache **Regeln**, die man deshalb gut erklären kann. Das Spielfeld und die Anzahl möglicher Spielzüge sind begrenzt. Das Spielfeld ist gut strukturiert und überschaubar. Man findet sich gut zurecht. Wird das Spiel regelmäßig gespielt, kann es zum festen Familien-Ritual werden. Das Bedürfnis nach Sicherheit und Orientierung wird optimal befriedigt.

2. Liebe und Nähe

Wenn die ganze Familie zum Spiel zusammensitzt und ihre Aufmerksamkeit dem Spiel und damit auch den Spielern zuwendet, ist dies ein besonders intensives Gemeinschaftserlebnis. Das Spiel sorgt dafür, dass man ein gemeinsames Thema hat und miteinander ins Gespräch kommt. Die gegenseitige Verbundenheit wird spürbar. **Im Spiel kommen sich die Familienmitglieder näher.** Da sich je nach Spielverlauf auch Koalitionen, Bündnisse und Allianzen bilden, erleben die Spielerinnen und Spieler alle Höhen und Tiefen der Liebe und müssen lernen, damit umzugehen: Treue und Verrat, Freundschaft und Feindschaft, Zusammenhalt und Trennung, Rücksicht und Rücksichtslosigkeit, Ehrlichkeit und Schummeln, Glück und Enttäuschung, Unterstützung und Ausgrenzung, Trost und Schadenfreude.

3. Freiheit und Kontrolle

Jeder Spieler kann selbst bestimmen, welchen Zug er ausführt. Er hat die Kontrolle. Er kann frei wählen. Niemand hat die Möglichkeit, einen bestimmten Zug zu verhindern oder zu verbieten. **Jeder Zug bewirkt etwas.** Man kommt mit dem eigenen Zug nicht nur dem Ziel näher, sondern hat manchmal auch die Macht, andere vom Spielfeld zu „fegen". Oder man wird selbst aus dem Feld geschlagen. Dann müssen Kinder unter Tränen und Protest die niederschmetternde Erfahrung machen, dass sie dem Zug des anderen hilflos ausgeliefert sind. Dann müssen sie lernen, mit Ohnmacht und Rückschlägen umzugehen. Alles Bitten („Bitte nicht mich, du kannst doch auch den anderen rausschmeißen!"), Verhandeln („Wenn du mich jetzt nicht rausschmeißt, dann schmeiß ich dich nachher auch nicht raus!"), Drohen („Wenn du mich jetzt rausschmeißt, dann wirst du nachher dein blaues Wunder erleben!")

und Befehlen („Du darfst meine Figur nicht rausschmeißen!"), hilft nichts, der andere besitzt, wenn er am Zug
ist, die Macht, die Freiheit und die Kontrolle.

4. Spaß und Lernen
   Spiele werden gespielt, weil sie Spaß machen. „Mensch
   ärgere dich nicht" ist spannend und aufregend. Man
   kann dabei unglaubliches Glück oder Pech haben. Weil
   Glück im Spiel ist, gibt es manche Überraschungen.
   Wer vier Mal hintereinander eine Sechs würfelt, ist so
   „high", dass er im siebten Himmel schwebt. Wer keine
   Spielfigur mehr auf dem Feld hat und untätig herumsit-
   zen muss, weil er zehnmal hintereinander keine Sechs
   mehr gewürfelt hat, dem macht das Spiel keinen Spaß
   mehr. Dann müssen Kinder lernen mit Frustrationen
   und Enttäuschungen umzugehen. Sie
   müssen sich in Geduld üben, wenn
   sie kein Spielverderber sein wollen.
   Auch das Warten müssen Kinder erst
   lernen. Wer nie gelernt hat anzuste-
   hen, benimmt sich vielleicht auch
   später ständig unangemessen. Im
   Spiel lernen Kinder spielerisch, sich
   an Regeln zu halten. Dabei lernen sie auch, mit schwierigen Gefühlen und mit den unvermeidlichen Höhen
   und Tiefen des Lebens umzugehen.

   > Im Spiel lernen
   > Kinder, mit den
   > unvermeidlichen
   > Höhen und Tiefen
   > des Lebens
   > umzugehen

5. Erfolg und Bestätigung
   Bei „Mensch ärgere dich nicht" spielt nicht nur das
   Glück, sondern auch das Können eine Rolle. Es kommt
   auch auf die richtige Strategie an. Wenn die Eltern das
   Kind fördern, indem sie ihm Spieltricks und Erfolgs-
   strategien verraten, wird es im Spiel immer besser.
   Dann fühlt es sich als „Mensch ärgere dich nicht"-Ex-
   perte dazu ermutigt, andere Spieler zum Spiel heraus-

zufordern. Mit Geschick wird mangelndes Glück wettgemacht oder ausgeglichen. Wer sein Können ausgespielt, die richtige Strategie gewählt und ein bisschen Glück hat, der geht als erfolgreicher Sieger vom Platz und kann triumphieren. Der Sieger strahlt und den Verlierern kommen die Tränen, denn nicht jeder kann gewinnen. Nicht jeder kann Erster sein. **Auch das Verlieren will gelernt sein.** Wer sich schmollend und beleidigt zurückzieht, „schmutzige Wäsche" wäscht und dem Gegner fiese Tricks vorwirft, ist kein guter Verlierer. Wer dem Sieger nicht zum Sieg gratuliert und ihm die Anerkennung verweigert, weil er ihm den Sieg nicht gönnt, ist ein schlechter Verlierer. Auch mit dem Gefühl des Neids müssen Kinder umgehen lernen. Neid darf nicht schlecht gemacht werden, sonst wird er heimlich und versteckt. Wer den Neid verstecken muss, wird ihn nicht mehr los. Neid ist menschlich und normal. Und so sollte er auch behandelt werden. Wer zugeben kann, dass er neidisch ist, kann leichter damit leben.

Die Beispiele zeigen, dass ein Spiel, das nur einen Gewinner zulässt, die Spannung und die gegensätzlichen Gefühle zwischen Macht und Ohnmacht, Erfolg und Misserfolg, zwischen „dabei sein" und „draußen sein" extrem betont. Besonders kleinere Kinder sind bei solchen Spielen oft hoffnungslos überfordert, wenn wir von ihnen erwarten, diese Spannung auszuhalten oder gar eine Niederlage gelassen zu akzeptieren. Dies sind Fähigkeiten, die sich erst entwickeln müssen und die manchen Kindern auch noch im fortgeschrittenen Schulalter nur zähneknirschend gelingen. Wundern Sie sich deshalb also nicht, wenn ein 5-Jähriger, der eigentlich imstande ist, die Regeln von „Mensch ärgere dich nicht" zu verstehen und vielleicht auch schon ein gutes Zahlenverständnis besitzt, trotzdem bei der ersten

Pechsträhne die Nerven verliert und das Spielbrett vor Wut vom Tisch fegt.

Für jede Altersgruppe gibt es geeignete Familienspiele, die alle auf unterschiedliche Art und mit unterschiedlichen Schwerpunkten alle fünf Grundbedürfnisse berühren. Während bei manchen Spielen jeder gegen jeden kämpft, kommt es bei anderen Spielen auf Kooperation und Zusammenarbeit an. Mal steht mehr die Spannung, mal mehr die Unterhaltung im Vordergrund. Mal entscheidet mehr das Glück, mal mehr das Können und Wissen. Immer aber lernen Kinder dabei den Umgang mit Gefühlen und Bedürfnissen. Spiele sind eine hervorragende Möglichkeit, mit den eigenen Bedürfnissen in Kontakt zu kommen und den Umgang damit zu üben. Dies bezieht sich nicht nur auf Spiele im engeren Sinne, auch Sport zählt dazu. Jede Art von Sport befriedigt mit unterschiedlichen Gewichtungen gleichzeitig alle fünf Grundbedürfnisse. Deshalb sollten Sport und Spiel einen festen Platz in jeder Familie bekommen.

Das gemeinsame Essen

Es gibt noch eine Tätigkeit, die alle fünf Grundbedürfnisse gleichzeitig befriedigt – das gemeinsame Essen:

1. Sicherheit
   Essen ist überlebensnotwendig. Essen sichert das Überleben. Essen bietet jedoch auch noch andere Formen der Sicherheit: Jede Familie hat bestimmte **Essensregeln**. Beim Essen ist nicht alles erlaubt. Kinder können dabei Gesprächsregeln und gute Umgangsformen lernen, denn es gibt Grenzen des guten Geschmacks. Wenn es verbindliche Essenzeiten gibt, wird das Essen zum Ritual. Wer sich an feste Essenszeiten halten muss, lernt

Pünktlichkeit. Regelmäßige Mahlzeiten geben dem Tag Rhythmus und Struktur – etwas, an dem sich Kinder gut festhalten und orientieren können.

2. Liebe

Beim Essen kommt die Familie zusammen, setzt sich an einen Tisch und widmet sich dem Essen und dem Gespräch. Beim Essen kommt man sich nahe und es werden Beziehungen geknüpft. Das gemeinsame Essen verbindet und stärkt den Zusammenhalt. Beim Essen kann man sich dem anderen zuwenden und ihm Interesse entgegenbringen. Wenn man sich offen begegnen kann, wird es einem nicht nur warm im Bauch, sondern auch warm ums Herz. Man spürt die Liebe der anderen. Manchmal hat die Offenheit gegenüber den Gedanken, Gefühlen und Bedürfnissen des Tischnachbarn jedoch Grenzen. Dann kann es zu hitzigen Debatten kommen und man setzt sich buchstäblich auseinander und trennt sich im Streit. Doch schon kurze Zeit später sitzt man wieder gemeinsam am Tisch – vorausgesetzt, es gibt feste Essenszeiten. Dann können Kinder lernen, dass Streit zur Liebe dazugehört, solange man sich anschließend wieder versöhnt und dem anderen keinen Nach-Schlag gibt.

3. Freiheit

Die Freiheit des Einzelnen hat beim Essen natürlich ihre Grenzen. Und das ist auch gut so. Das gemeinsame Essen ist eine hervorragende Gelegenheit, mit Kindern schwierige Verhaltensweisen zu üben: Kinder können warten lernen, wenn erst dann gegessen wird, wenn alle etwas auf dem Teller haben. Kinder können Geduld üben, wenn sie erst aufstehen dürfen, wenn alle mit dem Essen fertig sind. Kinder können Gesprächsregeln üben, wenn sie andere ausreden lassen müssen. Die

Tischregeln können je nach Familie und Alter der Kinder natürlich auch anders lauten. Wichtig ist nur, dass es verbindliche Regeln gibt – und dass ihre Nicht-Einhaltung Konsequenzen hat.

Zu einem kann und sollte man Kinder jedoch nicht zwingen: zum Essen selbst. Wer es dennoch versucht, macht das Essen zum Machtkampf. Und diesen Kampf verlieren immer die Eltern. Kinder lernen schnell, dass ihr Körper ihnen gehört. An den Körpergrenzen der Kinder endet die Kontrolle und Macht der Eltern. Jedes Kind bestimmt selbst, ob es sich Nahrung einverleibt oder nicht. Jedes Kind hat die Kontrolle darüber, was es zu sich nimmt. Zur Not wird das Essen eben wieder ausgespuckt. Wird das Essen zum Machtkampf gemacht, drehen die Kinder am Ende den Spieß um. Indem sie das Essen verweigern, üben sie mächtig Druck auf die Familie aus. Sie genießen nicht mehr das Essen, sondern die Macht über die Eltern und deren Ohnmacht.

> An den Körpergrenzen der Kinder endet die Kontrolle und Macht der Eltern

Damit Kinder die Macht der Eltern besser ertragen können und die Erfahrung machen, dass sie auch über etwas bestimmen können, sollte man ihnen einen festen Platz geben, der ihnen gehört und der ihnen frei gehalten wird. Auch eigenes Besteck und Geschirr lässt die Kinder versöhnlicher auf die „blöden" Tischregeln der Eltern blicken.

4. Spaß

Essen macht Spaß, denn gutes Essen ist ein Fest der Sinne. Schon das Brutzeln in der Pfanne, der Geruch und der Anblick des leckeren Essens lässt einem das Wasser im Mund zusammenlaufen. Wenn das Essen auf dem Tisch steht, heißt es schnell zugreifen, solange es noch warm ist. Auch die Lippen haben beim Genuss ein Wörtchen mitzureden. Sie zählen zu den empfindlichsten Stellen der Haut. Wenn nach dem Essen eine angenehme Wärme den Körper durchströmt und sich ein wohliges Gefühl der Sattheit breit macht, sind wir nicht nur satt, sondern meistens auch zufrieden. Kurzum: **Essen ist ein sinnliches Vergnügen.** Aber auch Genuss will gelernt sein. Die Ermahnungen: „Iss nicht so schnell!" und „Lad' dir nicht so viel auf den Teller!", zeigen, worauf es beim Genuss ankommt. Wer das Essen einfach hinunterschlingt, kann es nicht lange genießen. Er hat nichts davon. Und wer sich übernimmt, der muss sich anschließend vielleicht sogar übergeben, weil ihm schlecht geworden ist. Nur was man verträgt, kann man bei sich behalten.

5. Erfolg

Dass Essen auch etwas mit Können zu tun hat, zeigt sich an der Anerkennung, die Kinder dafür erhalten, wenn sie wie Erwachsene essen können: „Toll machst du das: Du kannst ja schon ganz alleine trinken!", oder „Mensch, bist du schon groß: Du kannst ja schon mit Messer und Gabel essen!" Für Kinder ist es ein besonderes **Erfolgserlebnis**, wenn sie keinen Latz mehr brauchen. Wer ohne zu kleckern essen kann, kann stolz darauf sein, denn das zeigt, dass er kein kleines Baby mehr ist.

Für viele essbare Dinge braucht man spezielle Fertigkeiten. Einen Fisch kunstgerecht zu entgräten, ähnelt manchmal jedoch eher einer Mutprobe als einem Kunststück.

Wenn Kinder in das Alter kommen, wo sie selbst kochen wollen – und können –, eröffnen sich ihnen ganz neue Möglichkeiten, Erfolgserlebnisse zu sammeln. Vorausgesetzt, die Eltern spielen mit. Wehe, man ist bei den ersten Kochversuchen der Kinder zu ehrlich. Dann verlieren sie die Lust am Kochen. Manchmal muss man eben auch beim Essen die Zähne zusammenbeißen und dicke Brocken hinunterschlucken.

Das gemeinsame Kochen und Essen ist eine wunderbare Möglichkeit, alle Grundbedürfnisse der Kinder zu erfüllen und sollte im Familienleben eine zentrale Rolle spielen.

Wissen erwerben

Auch der Wissenserwerb zählt zu den Tätigkeiten, die alle fünf Grundbedürfnisse befriedigen können:

1. Wer etwas weiß, gewinnt **Sicherheit**. Wer sich beim Memory alles gut merken kann, der kann sich später sicher erinnern. Ein Kind, das sich auskennt, hat den Überblick und kann sich gut orientieren. Wer die Regeln kennt, kann sich an sie halten. Wer seine Grenzen kennt, weiß genau, wie weit er gehen kann.
2. Wer sich auskennt, kann mitreden. **Wer mitreden kann, der gehört dazu.** Mitwisser halten zusammen. Wissen kann man mit anderen teilen. Interessanten Mitteilungen schenkt man gerne die ungeteilte Aufmerksamkeit. Wer sein Wissen mit anderen austauscht, ist hinterher schlauer. Beim intensiven Austausch tritt man mit anderen in Kontakt und kommt ihnen nahe. Beim gemeinsamen Lernen lernt man andere kennen.
3. **Wissen macht frei.** Je höher der Bildungsabschluss ist, desto größer ist die Auswahl an möglichen Berufen. Wer einen guten Beruf hat, verdient gutes Geld und kann darüber verfügen. Das erste eigene Mofa ist für viele Jugendliche ein heißersehnter Sprung in die Freiheit. Davor steht jedoch der Wissenstest: die Führerscheinprüfung. Erst mit geprüftem Wissen wird man „freigelassen".

Wissen ist Macht. Mit Wissen kann man Einfluss ausüben und etwas bewirken. Wer weiß, wie es läuft, kann sagen, wo es lang geht und ist kein Mitläufer. Wer weiß wie die Dinge funktionieren, hat sie im Griff und kann sie beherrschen. Mit den entscheidenden Informationen kann man die richtige Entscheidung treffen. Wer jemanden oder etwas durchschaut hat, kann nicht mehr hinters Licht geführt werden.

Wissen kann man besitzen und damit Kontrolle ausüben.

Wissen kann man aber auch einsetzen, um sich selbst oder anderen Menschen aus der Klemme zu **helfen**. Und wer die Wahrheit kennt und sie im entscheidenden Moment auch ausspricht, kann damit manchmal für Gerechtigkeit sorgen.

4. Kinder wollen alles wissen. Wissen ist aufregend und spannend und macht Spaß. Nicht umsonst spricht man von Experimentier- und Entdecker**freude**. Kindern macht nicht nur das Sammeln von Gegenständen, sondern auch das Sammeln von Wissen Spaß. Um Freude am Leben zu haben, brauchen sie nicht nur körperliche Anregungen, sondern auch geistige.

Es macht Spaß, sein Wissen direkt zu testen. Viele Kinder und Erwachsene spielen liebend gern Kreuzworträtsel, „Scrabble" und „Trivial Pursuit". Und Millionen fiebern bei einer Unzahl von Quizshows mit. Alle diese Spiele setzen Wissen voraus.

Auch Lesen macht Spaß. **Wer sich mit Lesen die Zeit vertreibt, hat keine Langeweile.** Aber um lesen zu können, muss man einiges wissen.

Wissen kann Ängste lindern und damit unangenehme Situationen positiv verändern. Auch das gehört in einem weiteren Sinne zum „Spaß"-Aspekt des Wissens. Wenn Kindern beispielsweise etwas weh tut und sie nicht wissen, woher der Schmerz kommt, kommt zum

Schmerz noch die Angst hinzu. Wenn die Eltern ihrem Kind erklären können, woher der Schmerz kommt, ist er nur noch halb so schlimm. Mit dem Wissen um die Ursachen kann man auch etwas gegen den Schmerz unternehmen. Vor allem kleinere Kinder haben häufig Angst vor unbekannten Geräuschen, und ein harmloser Schatten kann zum Monster werden, wenn seine Quelle nicht bekannt ist. Wenn sie aber wissen, woher der Schatten und das Geräusch kommen, vergeht die Angst meist rasch.

Kinder wollen alles wissen

5. Wissen sorgt für Anerkennung. **Wer viel weiß und auf seinem Gebiet ein anerkannter Experte ist, genießt ein hohes Ansehen.** Wer etwas weiß, tut aber auch gut daran, sein Wissen nicht zur Schau zu stellen, denn wer mit seinem Wissen prahlt ist ein Angeber und wer alles besser weiß, gilt schnell als Besserwisser. Dennoch gilt: Wer weiß, gewinnt.

Musik genießen

Kinder lieben Musik. Schon Säuglinge sind vom Klang und Rhythmus einer Singstimme oder eines Instrumentes fasziniert und reagieren sichtbar erfreut, wenn sie diese wiedererkennen. Nicht umsonst sind Schlaf-, Trost- und andere Lieder, Verse sowie von Singen begleitete Kniereiter- und Fingerspiele bei Kleinkindern echte „Dauerbrenner". Aber auch für ältere Kinder ist Musik eine wunderbare Möglichkeit, die eigenen Grundbedürfnisse zu stillen. Deshalb hat sie für viele einen überragenden Stellenwert in ihrem Leben.

1. Musik gibt nicht nur **Sicherheit**, wenn sie wie ein Ritual, regelmäßig, zu ganz bestimmten Zeiten und an ganz bestimmten Orten gehört wird. Die Musik selbst

vermittelt durch wiederholte Refrains und durch ihren Rhythmus eine voraussehbare **Struktur**, die **Halt** gibt.

Älteren Kindern hilft Musik bei der Sicherung und Stabilisierung der eigenen Identität: Mit ihrem eigenen Geschmack **grenzen** sich Kinder von den Eltern **ab.** Mit der festen Zugehörigkeit zu einer ganz bestimmten Musikrichtung und in der Ablehnung anderer Musikstile wird das eigene Profil und die eigene Identität erkennbar und spürbar.

2. Musik erleichtert die Kontaktaufnahme mit anderen. Sie ist eine universelle Sprache, die unmittelbar die Gefühle anspricht. Durch Musik lassen sich aber auch Gefühle mitteilen und mit anderen teilen, die durch Sprache kaum auszudrücken wären. Musik kann bei verschiedenen Menschen ähnliche Gefühle und Stimmungen hervorrufen. Diese gemeinsamen Gefühle erzeugen ein starkes Gefühl der Zusammengehörigkeit. **Musik verbindet über alle Grenzen hinweg.** Wenn dann noch die Körpersprache hinzu kommt und sich alle im selben Rhythmus bewegen, verschmilzt der Einzelne mit der Gruppe und hat das berauschende Gefühl, Teil von etwas Größerem zu sein. Wer so entrückt tanzt, macht eine spirituelle Erfahrung.

Viele Kinder sind Fans ganz bestimmter Musikstars. Dies gibt ihnen die Möglichkeit, sich zu einer großen Fangemeinde zugehörig zu fühlen. Sie fühlen sich nicht nur den anderen Fans, sondern auch ihrem Star ganz nah und schwelgen in einem ekstatischen Gefühl der Liebe und Verbundenheit.

3. Musik erzeugt in vielen Kindern ein Gefühl der **Freiheit**. Vielen wachsen durch die Musik buchstäblich Flügel, die sie schweben lassen. Sie hören Musik, streifen alle Fesseln ab und träumen von einer Welt ohne Vorschriften, von der großen Freiheit und vom Erwachsensein.

Viele Kinder schaffen sich durch Musik auch einen persönlichen **Freiraum**. Sie besitzen ihre eigene Musik und bestimmen selbst, was sie hören wollen. Niemand kann ihnen vorschreiben, welche Musik sie gut finden sollen. Umgekehrt kann man mit der eigenen Musik einen starken **Einfluss** auf andere ausüben. Im Positiven wie im Negativen. Wenn Eltern die schreckliche Musik ihrer Kinder schrecklich laut hören, regen sie sich schrecklich darüber auf. Dies zeigt den Kindern, dass sie etwas bewirken können. Dass sie nicht egal sind. Dass sie Macht über die Eltern haben.

4. Musik macht nicht nur Spaß und hilft, Langeweile zu überwinden. Musik ist auch Lebenshilfe, die Angst und Schmerz lindert. Da viele Songtexte schwierige Gefühle und Lebenserfahrungen thematisieren, fühlen sich insbesondere Jugendliche durch die Musik verstanden und getröstet. Musik hilft Kindern, immer wieder in ihren individuellen Wohlfühlbereich zwischen Langeweile und Schmerz bzw. Angst zurückzukehren.

> Musik macht Spaß und hilft gegen Langeweile, Schmerz und Angst

5. Viele Kinder träumen nicht nur davon, berühmte Musikstars kennenzulernen und zu berühren, sie wünschen sich auch, selbst einmal einer zu werden. Wer gut tanzen und singen kann, erntet Beifall und kann sich **Erfolgserlebnisse** verschaffen. Dieser **Beifall** entschädigt für alle vorangegangenen Mühen, denn Kinder und Jugendliche sind bereit, hart für diesen Traum zu arbeiten. Sie sind bereit diesem Traum alles unterzuordnen und Opfer zu bringen.

Musik hören ist das eine. Musik machen etwas völlig anderes. Wer Musik hört, kann auf dem Bett liegen und vom Erfolg träumen. Wer selbst erfolgreich musizieren möchte, muss hart dafür arbeiten und selbst ein Instrument lernen. Vor dem großen Erfolg steht das Üben. Und beim Üben hört für manche Kinder der Spaß auf. Üben ist manchmal anstrengend und langweilig. Doch wenn Erwachsene ihnen motivierend zur Seite stehen, lernen Kinder auch bei dieser Gelegenheit Anstrengungsbereitschaft, Durchhaltevermögen und Geduld.

Wie viel Kindern und Jugendlichen Musik bedeutet, zeigt sich auch in der nachfolgend vorgestellten Auswahl ihrer eigenen Aussagen. Manche dieser Aussagen können mehreren Bedürfnissen gleichzeitig zugeordnet werden. Viele der Äußerungen, die beim Bedürfnis nach Spaß eingeordnet wurden, hätten beispielsweise auch dem Bedürfnis nach Liebe, Nähe und Zugehörigkeit zugeordnet werden können, weil Kinder und Jugendliche Musik oft gemeinsam mit anderen hören. Die zitierten Kinder und Jugendlichen wurden gebeten, folgenden Satz zu vervollständigen:

Musik ist mir wichtig, weil ...

1

- ich mich durch Musik sicher fühle.
- sie mir Halt gibt.
- Musik ist für mich wie die Luft zum Atmen.
- Musik höre ich jeden Tag.
- Im Bett höre ich immer Musik.

2

- Wir hängen viel bei Musik rum.
- Ohne Musik gibt es keine gute Party.
- Musik macht gute Stimmung in der Clique.

- Musik ist ein Schlüssel zum Herzen.
- Mit anderen tanzen macht Spaß.
- Musik verstehen alle.
- Mit Freunden höre ich immer Musik.

3

- Musik lässt meine Seele schweben.
- Mit Musik fühle ich mich frei.

4

- Musik macht Spaß.
- Mit Musik wird es nicht langweilig.
- Musik ist einfach schön.
- Musik macht mich glücklich.
- Musik hilft mir, wenn ich nicht mehr hier sein will.
- Musik macht mich stark.
- Mit Musik kann ich meine Probleme vergessen.
- Ohne Musik wäre alles so öde auf der Welt.
- Musik beruhigt meine Seele, wenn ich traurig bin.
- Wenn ich wütend bin, kann ich mich mit Musik besser beruhigen.
- Musik bringt für mich Gefühle auf, die tief verborgen sind.
- Musik muntert mich auf.
- Musik ist gut zum Entspannen.
- Bei Musik ist man gut drauf.
- Es gibt Lieder, da kann man sich tot lachen.
- Wenn man Musik hört, ist man fröhlich.

5

– Musik macht Spaß, weil ich gut tanzen kann und singen.
– Musik ist mir wichtig, weil ich eine gute Sängerin werden will.
– Wenn ich Musik gehört habe, kann ich mich besser auf die Hausaufgaben konzentrieren.
– Man kann gut nachdenken bei Musik.
– Musik lässt mich Sachen machen, zu denen ich keine Lust habe.
– Mit Musik geht alles leichter.

Gemeinsam mit Kindern spielen und essen sowie Bewegung und Musik genießen und das eigene Wissen erproben und erweitern, sind nur eine kleine Auswahl an Möglichkeiten, wie Erziehung Kindern dabei helfen kann, ihre wichtigsten Grundbedürfnisse zu erfüllen. Wo dies gewährleistet ist, fühlen Kinder sich stark und sind glücklich und zufrieden. Gute Erziehung heißt, Kindern möglichst viele Lebensbereiche und Tätigkeiten zu erschließen, die alle fünf Grundbedürfnisse gleichzeitig befriedigen.

Zum Schluss dieses Kapitels noch eine kleine **Gedankenübung**:
Wenn ich Kindern und Jugendlichen die Frage stelle: *„Was freut dich am meisten in deinem Leben? Wann bist du richtig glücklich?"*, antwortet die Mehrheit mit einem einzigen Wort: **„Geburtstag"**.

Warum erfüllt der Geburtstag alle fünf Grundbedürfnisse von Kindern und Jugendlichen? Wie müsste ein Geburtstag aussehen, der diese Bedürfnisse annähernd optimal erfüllt? Und was hat Geschenkpapier mit Dopamin zu tun (Hilfe finden Sie auf Seite 51)?

Eine Frage des Gleichgewichts
Bedürfniskonflikte als Herausforderung

Nicht immer lassen sich die fünf Grundbedürfnisse in der Erziehung so problemlos unter einen Hut bringen, wie bei den bisher beschriebenen Aktivitäten. Manchmal ist es sogar unmöglich. Denn die Grundbedürfnisse sind so verschieden, dass sie sich teilweise widersprechen. Regeln und Freiheit, Nähe und Distanz, bedingungslose Annahme und das Setzen von Grenzen, arbeiten gehen und Kindern Zeit schenken passen nicht zusammen. Aus der Widersprüchlichkeit der Bedürfnisse entstehen die Konflikte, die aus der Erziehung eine echte Herausforderung machen.

Wo hört der Spaß auf? Welche Freiheiten sollen wir dem Kind lassen? Soll ich konsequent bleiben oder aus Liebe nachgeben? Welche Anstrengungen darf ich meinem Kind zumuten? Wo ist die Grenze zwischen Überbehüten und Vernachlässigen und zwischen Verwöhnen und Überfordern? Auf alle diese Fragen gibt es keine eindeutigen Antworten. Das ist einerseits entlastend und tröstlich, andererseits bringen diese Fragen aber auch Verpflichtungen mit sich.

Die Entlastung liegt darin, dass es *die* gute Erziehung nicht geben kann. Es kann sie nicht geben, weil die Grundbedürfnisse nicht perfekt zusammenpassen. Man kann nicht alle Bedürfnisse der Kinder ununterbrochen gleich gut befriedigen.

Die Verpflichtung liegt darin, dass Eltern, Lehrer(innen) und Erzieher(innen) sich Gedanken darüber machen sollten, wie diese Widersprüche möglichst optimal ausgeglichen werden können. Wer Kindern gerecht werden möchte, sollte es nicht zu gravierenden Ungleichgewichten zwischen den Bedürfnissen kommen lassen. **Gute Erziehung ist eine Frage der Ausgewogenheit**: Wie können die unterschiedlichen Bedürfnisse in ein möglichst harmonisches Gleichgewicht gebracht werden?

Spaß ohne Grenzen?

Kindern machen nicht nur nette und harmonische Spiele Spaß, wie folgendes Beispiel zeigt: Einige befreundete Familien treffen sich zum gemeinsamen Abendessen. Die Erwachsenen genießen nicht nur das Essen, sondern auch, dass die Kinder sich „abgeseilt" haben und in einem Nachbarzimmer spielen. Plötzlich kommt der sechsjährige Jan ganz aufgeregt in die Küche gestürmt und ruft: „Mama, Mama, wir haben ganz toll gespielt!" Während bei den anwesenden Erwachsenen ob dieses Kinderglücks spontan Bilder pädagogisch wertvoller Spiele wie Lego und Kaufladen im Geiste aufsteigen, fragt die freudestrahlende und stolze Mutter interessiert nach: „Ja, was habt ihr denn gespielt?" Immer noch begeistert ruft Jan der nun ziemlich entgeisterten Mutter zu: „Wir haben ‚Ärgern' gespielt!"

Andere zu ärgern macht Kindern einen Riesenspaß. Und vielfach bleibt es nicht beim Ärgern. Kinder finden durchaus auch Freude daran Dinge kaputt zu machen oder anderen wegzunehmen. Oder jemandem Gegenstände oder Schimpfwörter an den Kopf zu werfen. Oder andere zu provozieren, zu verspotten, zu hänseln und voller Schadenfreude auszulachen. Auch körperliche Übergriffe gehören zu den beliebten Spaßmachern von Kindern.

Wenn der Spaß auf Kosten anderer geht und diese dadurch seelisch, körperlich oder in ihren Eigentumsrechten verletzt werden, ist das entschiedene und kompromisslose Eintreten der Erwachsenen gefragt. Kinder müssen sicher sein können, dass Erwachsene sie davor schützen, verletzt zu werden. Wenn Gewalt im Spiel ist, gilt es dem „Spaß" rechtzeitig ein Ende und dem aggressiven Verhalten der Kinder Grenzen zu setzen. Das hört sich einfacher an, als es ist. Weil sich die Kinder diese Beschränkungen nicht gerne gefallen lassen, wehren sie sich dagegen. Dann kann es zu harten und anstrengenden Auseinandersetzungen kommen. Dabei ist es nicht der einzelne „Krach", der Eltern an ihre Grenze bringt, sondern die Summe dieser Auseinandersetzungen. Weil Kinder sich immer wieder etwas Neues einfallen lassen und

> Wenn Gewalt im Spiel ist, gilt es dem „Spaß" rechtzeitig ein Ende zu setzen

in ihrem unermüdlichen Bedürfnis nach Spaß immer wieder von neuem über die Stränge schlagen, lassen sich derartige Auseinandersetzungen nie ein für alle Mal abstellen.

Dass sich Eltern mit dieser Tatsache nicht gerne abfinden, zeigen Sätze wie:
- „Wie oft hab ich dir schon gesagt ...?"
- „Jetzt bist du schon so alt und ...!"
- „Du müsstest doch langsam wissen ...!"
- „Wann lernst du endlich ...!"
- „Kannst du dich nicht einmal ...?"

Weil das ständige Einschreiten und Setzen von Grenzen so ermüdend, kräftezehrend und belastend ist, sehnen sich viele Eltern nach Entlastung. Manche glauben die ersehnte Entlastung zu finden, indem sie sich mit folgenden Argumenten aus der Verantwortung ziehen:

„Darum muss ich mich nicht kümmern, das wächst sich von alleine aus!"

Da destruktives Verhalten häufig Spaß macht oder wenigstens kurzfristig Vorteile mit sich bringt, wäre jedes Kind dumm, wenn es dieses Verhalten von alleine einstellen und auf die Vorteile verzichten würde. Die meisten Kinder sind jedoch intelligent. Das heißt: **Wenn destruktivem Verhalten keine Grenzen gesetzt werden, wächst es sich nicht aus, sondern es dehnt sich aus.**

„Heutzutage ist das doch normal!"

Wenn Kinder sich gegenseitig Schimpfwörter an den Kopf werfen, wird damit argumentiert, dass der allgemeine Umgangston eben rauer geworden sei. Für die Kinder sei das normal. Sie würden sich nichts mehr dabei denken. Für die Kinder seien die Wörter nicht schlimm, sondern lustig.

Angenommen, Sie hätten zu Hause einige Vasen herumstehen. Manche davon billig. Manche richtig teuer. Ihr Kind spielt Ball und zerbricht dabei eine Vase. Woran erkennt Ihr Kind, ob es eine billige oder eine teure Vase heruntergeschmissen hat? An Ihrer Reaktion! Während Sie über die billige Vase vielleicht ohne großes Aufsehen hinweggehen, zeigen Sie sich über den Verlust der teuren Vase vielleicht entsetzt und verlangen vom Kind irgendeine Art der Wiedergutmachung.

Ob etwas einen Wert hat oder nicht, erkennen Kinder an der Reaktion der Erwachsenen. Werte sind nichts Abstraktes. Werte ergeben sich aus den alltäglichen Reaktionen der Eltern auf das Verhalten ihrer Kinder. Wer Kindern Werte vermitteln möchte, muss sich darüber klar werden, was ihm teuer und wichtig ist und spürbar reagieren, wenn die Werte verletzt werden. Wenn nicht auf jede Art von Gewalt entschlossen reagiert wird, hat Gewaltfreiheit für Kinder keinen Wert. Die Verantwortung dafür tragen nicht die Kinder, sondern die Erwachsenen. Nicht die Kinder bestimmen, was normal ist, sondern die Erwachsenen. Diese entscheiden, wo der Spaß aufhört. Die Erwachsenen bestimmen die Werte und tragen die Verantwortung dafür, dass Kinder diese Werte respektieren.

„Ich bin halt tolerant!"

Toleranz heißt Unterschiede akzeptieren, nicht aber unsoziales Verhalten. Spaß auf Kosten anderer darf nicht toleriert werden. Häufig verbirgt sich unter dem Deckmantel eines toleranten Erziehungsstils mangelnde Konfliktbereitschaft oder Überdruss: In der Hoffnung, sich die anstrengende Auseinandersetzung mit den Kindern ersparen zu können, erlaubt man ihnen alles. Diese Erziehungshaltung geht so lange gut, bis die Kinder den Eltern über den Kopf wachsen und ihnen nach Lust und Laune auf der Nase herumtanzen. Während die Kinder immer mehr Spaß haben, vergeht den Eltern der Spaß. Wenn man Kindern alles durchgehen lässt, erspart man sich zwar kurzfristig die anstrengende Auseinandersetzung, langfristig wird das Zusammenleben mit ihnen jedoch immer schwieriger und anstrengender.

> Spaß auf Kosten anderer darf nicht toleriert werden

Die unangenehme Wahrheit ist: Sie haben keine Wahl. Irgendwann müssen Sie dem Verhalten der Kinder Grenzen setzen – ob Sie wollen oder nicht. Kinder und Jugendliche versuchen so lange, ihre Wünsche zu befriedigen und die Welt in Besitz zu nehmen, bis sie an eine Grenze stoßen, die hält. **Kinder wollen wissen, wie weit sie gehen können.** Und sie werden nicht eher ruhen, bis Sie sagen: „Schluss mit lustig! Bis hierher und nicht weiter!" **Die Frage ist nicht, ob Sie Grenzen setzen, sondern wann!**

Je länger Sie damit warten, desto anstrengender wird es. Erstens sind Sie dann verletzt und enttäuscht darüber, dass die Kinder Ihre Großzügigkeit nicht nur nicht honorieren, sondern im Gegenteil auch noch ausnutzen. Und zweitens ist das destruktive Verhalten der Kinder dann meist so massiv, dass es Ihnen wirklich „an die Nieren" geht und Sie schlaflose Nächte kostet. Wer rechtzeitig reagiert, entlastet nicht nur sich, sondern auch die Kinder. Viele Eltern haben Angst, dass sie die Entwicklung ihrer Kinder hemmen, wenn sie Grenzen setzen. In Wirklichkeit tun sie Kindern damit etwas Gutes. **Kinder sind dankbar für Grenzen, denn Grenzen vermitteln Halt – sie dürfen es nur nicht zugeben.**

Wie wichtig frühzeitiges Einschreiten ist, zeigt auch folgendes Beispiel: Vor dem Eingang zu einem Kinosaal warten Eltern mit ihren Kindern auf den Einlass. Der Eingang zu den übrigen Kinosälen ist mit einem Seil abgesperrt, das zwischen zwei mobilen Pfosten hängt. Neben dem Seil steht ein Kinobediensteter bereit, die Karten der Kinobesucher zu entwerten. Warten ist langweilig. Also pirscht sich ein Kind neugierig an das Seil heran. Während es zaghaft und vorsichtig das Seil berührt, schaut es aufmerksam auf die Reaktion des Kontrolleurs. Obwohl dieser das Verhalten des Kindes bemerkt, reagiert er nicht darauf. Das Kind macht einen überraschten Gesichtsausdruck. Als könne es nicht glauben, dass nichts passiert, schüttelt es das Seil ein wenig heftiger. Immer noch keine Reaktion. Der Kontrolleur wirkt zwar genervt, versucht aber, sein Missfallen tapfer hinter einem freundlichen Lächeln zu verbergen. In der Zwischenzeit haben andere Kinder mitbekommen, dass man unbehelligt mit dem Seil spielen kann und gesellen sich dazu. Die beiden Pfosten beginnen bedrohlich zu wackeln. Um ein Umfallen zu verhindern, hält der Kontrolleur einen der Pfosten fest. Sein Nervenkostüm ist bereits sichtlich angegriffen, was die Kinder, trotz einiger Ermahnungen, mittlerweile belustigt zur Kenntnis nehmen. Zwischen den Kindern entbrennt ein Wettbewerb, wer das Seil am heftigsten in Schwingung versetzen kann. Die Szene endet damit, dass ein weiterer Kinobediensteter seinem Kollegen zu Hilfe eilt und sie, zwischen einzelnen immer lauteren Ermahnungen, zu zweit verzweifelt versuchen die beiden Pfosten festzuhalten, während die Kinder dazwischen schaukeln und ihren Spaß haben. Die Kinder sind auch durch den beherzten Einsatz mehrerer Eltern kaum mehr zu bändigen. Am Ende gibt es tumultartige Szenen und ein beträchtliches Geschrei.

Die größte Gefahr im Umgang mit Provokationen und Grenzüberschreitungen ist, dass man den Kindern ihr aggressives Verhalten übel nimmt und sie dafür ablehnt, weil es anstrengend ist, sich mit dem Verhalten auseinanderzusetzen. Die Trennung von Person und Verhalten ist wichtig. Kinder dürfen nicht schlecht gemacht und abgelehnt werden, wenn sie Grenzen testen. Es ist ihr gutes Recht, die Welt zu erobern und auszuprobieren, wie weit sie gehen können. Und unser Job ist es, ihnen klar zu machen, wie weit sie gehen dürfen. Aggressives Verhalten an sich ist nicht schlecht. Kinder und Jugendliche benötigen Aggressivität, um Hindernisse zu überwinden, um sich abzugrenzen und durchzusetzen und um sich gegen Angriffe zu wehren. **Es geht nicht darum, gegen die Aggression an sich zu kämpfen, sondern sie in einem für alle erträglichen Rahmen zu halten.** Nicht das aggressive Kind ist schlecht, sondern einzelne Dinge, die es sagt oder tut.

Kindern macht nicht nur aggressives Verhalten Spaß. Manche Kinder sind von Gewalt fasziniert, lieben Horrorfilme, würden am liebsten stundenlang mit dem Handy telefonieren, laut Musik hören, shoppen, Computerspiele spielen und sich nur von Eiscreme und Pommes ernähren. Auch hier sollten Eltern dem Spaß Grenzen setzen, denn nicht alles, was Spaß macht, ist auch gut. Dabei geht es nicht darum, diese „Genüsse" zu verteufeln, sondern Kinder davon abzuhalten, sie exzessiv zu befriedigen.

Wenn wir Kindern Grenzen setzen und ihren Spielraum beschränken, müssen wir damit leben, dass sie uns für beschränkt halten. Und sie haben Recht damit. Es ist in der

Tat unser Job, die Kinder in ihre Schranken zu verweisen. Deshalb: Trauen Sie sich. **Setzen Sie dem Spaßbedürfnis Ihrer Kinder rechtzeitig Grenzen.** Schämen Sie sich nicht dafür, uncoole Spaßverderber zu sein. Und rechtfertigen Sie sich nicht. Das macht alles nur schlimmer und zeigt Ihre Selbstzweifel und Ihr schlechtes Gewissen. Versuchen Sie erst gar nicht, Eltern zu sein, die alles richtig machen. Wenn gegensätzliche Bedürfnisse im Spiel sind, können Sie es den Kindern unmöglich recht machen. Freunden Sie sich mit dem Gedanken an, dass Kinder nie das Alter erreichen werden, ab dem sie erkennen, dass wir es ja nur gut mit ihnen meinen und ihr Bestes wollen. Die 15-jährigen, die nicht bis um 5:00 Uhr morgens in der Disco rumhängen dürfen, haben genauso das Gefühl, dass Sie es mit grausamen und bösen Eltern zu tun haben, die es nur darauf anlegen, ihnen den Spaß zu verderben, wie die 3-Jährigen, die davon abgehalten werden, auf die Straße zu rennen.

Es gibt keine Rettung für Eltern – aber es gibt Trost: Stellen Sie sich einfach vor, wie Ihr Sohn oder Ihre Tochter später einmal dem eigenen Kind hinterherläuft, um es davon abzuhalten, auf die Straße zu springen.

Wie bei allen Bedürfnissen geht es auch beim Thema Spaß und Grenzen, um eine gute Balance. Zu enge Grenzen sind genauso schädlich wie zu weite. Wenn Kinder keine Zeiten und Orte mehr haben, wo sie nach Herzenslust herumtoben und herumschreien können, und wenn sie nur noch Rasenflächen vorfinden, auf denen Spielen verboten ist, verlieren sie die Freude am Leben. **Ein Erziehungsstil, der nur auf Zucht und Ordnung setzt, ist genauso schädlich wie einer, der zum Laisser-faire neigt.**

Grundsätzlich lässt sich jedoch eher eine Verschiebung hin zum Spaß-Pol beobachten. Kindern wird heute viel mehr erlaubt als früher. Grenzenloses Vergnügen ist angesagt – nicht immer zum Wohle der Kinder. Kinder, die außer Rand und Band sind, sind unglückliche Kinder. Rastlos und immer aggressiver suchen sie nach Sinn und Halt und finden ihn nicht. **Spaß ohne Grenzen ist sinnloses Vergnügen.** Wer nach dem Motto *„Feiern, bis der Arzt kommt"* lebt, hat eine Menge Spaß. Aber was ist, wenn der Arzt eines Tages nicht rechtzeitig kommt? Grenzenloses Vergnügen ist nicht umsonst zu haben. Manche kostet es sogar das Leben.

Grenzenlose Freiheit?

Kinder wollen möglichst viel selbst entscheiden und ihr Leben in die eigene Hand nehmen. Das können sie jedoch erst, wenn sie wirklich unabhängig von den Eltern sind, ihr eigenes Geld verdienen und in einer eigenen Wohnung leben. Vorher sind die Eltern die „Gastgeber" und dürfen deshalb auch die Tisch- und Hausregeln bestimmen.

Wo, wie in einer Familie, mehrere Menschen zusammenleben, gilt es auch ein Gleichgewicht zwischen der Freiheit des Einzelnen und den Rechten der Gruppe zu finden. Wenn die Familie gemeinsam essen möchte, kann nicht jedes Familienmitglied selbst entscheiden, wann es zum Essen erscheint.

Hinzu kommt, dass Kinder erst langsam lernen müssen, mit der Verantwortung umzugehen, die Freiheit mit sich bringt. Sie müssen lernen, dass die Freiheit des Einzelnen bei den Rechten des Anderen endet. Dazu müssen sie in der Lage sein, sich in andere hineinzuversetzen und sich selbst zu kontrollieren. Nur zusammen mit der Entwicklung dieser beiden Fähigkeiten sollten auch die Selbst- und Mitbestimmungsrechte der Kinder wachsen. Das heißt, auch hier gilt es ständig abzuwägen und ein Gleichgewicht zu finden, das den Kindern möglichst gerecht wird.

Ein autoritärer Erziehungsstil ist genauso schädlich wie ein unverbindlicher. Wenn Kinder immer nur hören: „Du machst, was *ich* sage!", ist das genauso schlimm, wie wenn sie immer nur hören: „Mach doch, was du willst!" Das rigide Festhalten an Normen und Regeln kann genauso schädlich sein wie das ständige Nachgeben. Wenn alles reglementiert wird, kommt es zur Erstarrung. Traditionen und Gewohnheiten können ihren Sinn verlieren und schal und leer werden. Aber auch das Gegenteil ist schlecht. Wenn es keine festen Vereinbarungen, Abmachungen, Bestimmungen, Rituale, Normen und Regeln gibt, wird alles unverbindlich und beliebig. Ohne Struktur entsteht Chaos. Zwischen den Polen: „Solange du die Füße unter meinen Tisch stellst …!" und „Alles ist erlaubt!" gilt es ein Gleichgewicht zu finden. Es geht um die Mitte zwischen Überreglementierung und dem Chaos der Unverbindlichkeit.

Trotzdem kann einiges Grundsätzliche gesagt werden. Die Form der Freiheitsbeschneidung, die den Bedürfnissen der Kinder am besten gerecht wird, sind Regeln. Regeln befriedigen das Bedürfnis der Kinder nach Verlässlichkeit, Struktur und Orientierung. Regeln machen das Leben einfacher. Man muss nicht immer wieder neu darüber diskutieren. Das Verhalten der anderen ist berechenbar. Die Qual der Wahl entfällt. Und Regeln helfen, den „inneren Schweinehund" zu überwinden. Auch wir Erwachsene tun uns manchmal schwer, die „Glotze" auszuschalten. Nicht anders geht es den Kindern, und dann hilft eine Regel über den inneren Widerstand hinweg. Beispielsweise: *„Sonntags gibt's ,Die Maus' und dann bleibt die Kiste aus."*

Dabei gilt es zwischen Familienregeln und Regeln, die nur für die Kinder gelten, zu unterscheiden. Wenn es darum geht, eine möglichst gute Lösung für die morgendlichen „Badezimmerbesetztzeiten" zu finden, betrifft dies alle Familienmitglieder. Deshalb sollten auch alle mitre-

Regeln machen das Leben einfacher

den dürfen und mit der Lösung einverstanden sein. Wenn Sie aber wissen, dass Ihre Tochter oder Ihr Sohn zehn Stunden Schlaf am Tag braucht, um fit zu sein und jeden Morgen um 7:00 Uhr aufstehen muss, gibt es keinen Verhandlungsspielraum. Dann heißt die Regel: *„Um 21:00 Uhr geht das Licht aus!"* Mit dieser Regel muss Ihr Kind dann überhaupt nicht einverstanden sein – und sie gilt trotzdem.

Die Regel gilt!
Bleiben Sie standhaft

Die Überschrift liest sich harmlos. Aber darin verbirgt sich Sprengstoff. Wenn Kinder mit etwas nicht einverstanden sind, können sie mächtig Druck machen. Längst kennen sie alle „roten Knöpfe" und Schwachstellen der Eltern und arbeiten virtuos damit. Auch Kinder, die ansonsten keine Minute an einer Aufgabe dranbleiben können, entwickeln nun einen Ehrgeiz und eine Beharrlichkeit, die jeden Leistungssportler vor Neid erblassen ließe. Das gesamte Programm an Überredungskünsten wird abgespult:

- Versprechungen: „Dann geh ich ab morgen immer pünktlich ins Bett!"
- Drohungen: „Dann hab ich euch gar nicht mehr lieb!"
- Ausspielen: „Aber Papa hat's erlaubt!"
- Manipulationen: „Dann bin ich aber ganz arg traurig!"
- Erpressungen: „Dann sag ich Mama, dass du …!"
- Die große Ausnahme: „Nur noch dieses eine Mal!"
- Die Rabeneltern: „Ihr seid so gemein! Alle anderen dürfen länger aufbleiben!"
- Und zum Schluss noch der dreifach geschriene Wutausbruch: „Dann hass ich euch alle für *immer!"*

Manche Eltern geben diesem Druck nach, aus Überforderung oder Erschöpfung. Immer aber verbunden mit einer Hoffnung: **„Du bekommst Deinen Willen – und ich hab meine Ruh!"** Leider ist dies eine trügerische Hoffnung. Denn die Ruhe hält genau bis zum nächsten Abend. Dann beginnt das Spiel von neuem. Viel erfolgversprechender ist es, nicht einzuknicken. Das ist zwar vorübergehend anstrengender, dafür hält die Ruhe aber länger.

Wenn Eltern dem Druck der Kinder nachgeben und „eine" unangekündigte Ausnahme machen, zwingen sie die Kinder dazu, Regeln zu verletzen. Wenn ein Kind es einmal geschafft hat, die Eltern zum Nachgeben zu überreden, dann weiß es, dass es prinzipiell wieder möglich ist. Am nächsten Abend muss es die Regel erneut testen. Nur so kann es herausfinden, ob Mama oder Papa bereit sind, wieder eine Ausnahme zu machen. Da Sie aber erst gestern eine Ausnahme gemacht haben, werden Sie heute dem Druck nicht so schnell nachgeben. Aber auch das Kind wird nicht so schnell aufgeben. Es weiß, dass es gewinnen kann und erhöht den Einsatz. Es macht eine solche „Szene", dass es bei jeder Schauspielschule sofort die Aufnahmeprüfung bestehen würde. Wenn Sie diesmal hart

> Wer sich zu Ausnahmen zwingen lässt, zwingt Kinder dazu, Regeln zu verletzen

bleiben, kostet Sie das ein Vielfaches der Kraft, die es Sie gekostet hätte, wenn Sie von Anfang an konsequent geblieben wären. Auch für das Kind ist die Niederlage diesmal um ein Vielfaches bitterer, kränkender und enttäuschender, denn es hat sich sehr für den Sieg und den Erfolg ins Zeug gelegt. Sollten Sie allerdings wieder nachgeben, ist die Regel keinen Pfifferling mehr wert. Dann hat beim Thema „Ins Bett gehen" zukünftig Ihr Kind das Sagen.

Nein heißt Nein!
Belohnen Sie aggressives Verhalten nicht

Ein weiteres Beispiel: Sie haben einen Sohn. Er heißt Max. Und es ist Einkaufszeit. Als erfahrene Mutter wissen Sie, was gleich auf Sie zukommen wird. Um den Begehrlichkeiten Ihres Sohnes schon von vornherein einen Riegel vorzuschieben, setzen Sie Ihren Killerblick auf, beugen sich zu ihm hinunter und sagen mit todernster Miene die drei magischen Wörter: „Heute gibt's nix!" Sie haben alles richtig gemacht und Sie wissen es: Augenkontakt, Nahdistanz, Klartext. Auch Max ist schwer beeindruckt von Ihrer Vorstellung. Da ihm deshalb der Mund offen steht, reicht es nur zu einem kurzen Nicken. Im Bewusstsein Ihrer elterlichen Kompetenz betreten Sie den Supermarkt. Max hat beschlossen, seine Kräfte nicht unnötig zu vergeuden und verabschiedet sich mit den Worten: „Ich geh dann mal zu den Heften!" In Ruhe einkaufen. Welch ein Luxus. Ihre Laune wird immer besser. Vollbepackt kommen Sie an die Kasse und stellen sich in die Schlange. Max kommt freudestrahlend auf Sie zugerannt: „Mama, Mama, du musst mir unbedingt dieses Heft kaufen! In meiner Klasse haben es alle und es ist nur noch einmal da!" Und dann setzt er diesen Blick auf, bei dem Sie jedes Mal dahinschmelzen und benutzt das Zauberwort: „Biiii-iiitte!" Doch diesmal ist es Ihnen ernst. Sie wissen, was Sie tun müssen: standhaft bleiben. Noch einmal beugen Sie sich zu Max hinunter und bekräftigen: „Was hab ich vorher gerade gesagt? Heute gibt's nix!" Doch diesmal hat Max Publikum. Mit einem Blick, der allen Anwesenden zeigen soll, dass er ständiger Kindesmisshandlung ausgesetzt ist, bekommt Max einen lautstarken Wutausbruch und einen heftigen Tobsuchtsanfall. Alle Leute schauen nun auf Sie. Wie peinlich. Bevor es Ihnen noch peinlicher wird, beugen Sie sich schnell zu Max hinunter und flüstern ihm ins Ohr: „Aber nur, wenn du heute Abend pünktlich ins Bett gehst!"

Kinder lernen immer. Und was hat Max aus dieser Episode gelernt? Aggressives Verhalten lohnt sich. Wenn ich lange genug „Gas gebe", setze ich mich durch. Kinder werden nicht aggressiv geboren und sie werden auch nicht über Nacht aggressiv. Viele kleine Erfolgserlebnisse wie das eben geschilderte, sorgen dafür, dass Kinder irgendwann nicht mehr zu bändigen sind. Das aggressive Verhalten von Max wurde mit einem Heft belohnt. Deshalb: Bleiben Sie standhaft. Geben Sie aggressivem Verhalten nicht nach. Aggressives Verhalten darf sich nicht lohnen.

Das lass ich dir nicht durchgehen!
Reagieren Sie möglichst schnell auf jede
Regelverletzung

Standhaft bleiben reicht nicht. Regeln machen nur dann einen Sinn, wenn Regelverstöße auch wahrgenommen werden. Wenn Regeln verbindlich gelten sollen, muss auf Regelverletzungen reagiert werden. Und zwar immer und möglichst schnell. Wenn Sie nicht darauf reagieren, wird auch dies als unangekündigte Ausnahme erlebt, die zu weiteren Regelverstößen einlädt. Wenn Sie auf einen Regelverstoß nicht reagieren, heißt das für das Kind, dass die Regel nicht so wichtig ist. Dasselbe gilt für die Schnelligkeit der Reaktion. Je länger Sie warten, desto größer ist die Wahrscheinlichkeit, dass sich das Kind nicht mehr an die Regelverletzung erinnert und davon ausgeht, dass die Regel keine große Bedeutung hat.

Fünf gerade sein lassen:
Kündigen Sie Ausnahmen an

Das bisher Gesagte klingt sehr starr, fast schon büro-
kratisch. Irgendetwas in uns lehnt sich dagegen auf. Wir
möchten spontan sein dürfen. Und nicht alles so eng sehen. Immer und schnell reagieren hört sich eher nach DIN-
Norm an als nach menschlichen Beziehungen. Wir sind
doch keine Maschinen. Wir wollen menschlich bleiben
und auch mal ein Auge zudrücken dürfen.

Und in der Tat spricht nichts gegen Ausnahmen – wenn
sie angekündigt sind. Ausnahmen sind nur dann schlecht,
wenn sie unter Druck gemacht werden.

Ausnahmen sollten nicht gemacht werden, weil das
Kind sie erzwingt, sondern weil Sie als Mutter oder Vater
eine Ausnahme machen wollen. Es macht für ein Kind einen riesigen Unterschied, ob es länger aufbleiben darf, weil
Sie sagen: „Morgen kommen Gäste. Da darfst du aus-
nahmsweise mal eine Stunde länger aufbleiben", oder ob
es länger aufbleiben darf, weil Sie seinem Druck nicht
standhalten können. Im ersten Fall könnte es sich sagen:
„Es gibt Ausnahmen, aber nur wenn sie vorher angekündigt werden. Wenn keine Ausnahmen angekündigt sind,
gibt es auch keine. Da kann ich Gift drauf nehmen. Also
lohnt es sich überhaupt nicht, Theater zu machen. Das
bringt eh nichts." Im zweiten Fall sagt es sich vielleicht:
„Morgen kommen Gäste. Da sind meine Eltern eh in Spen-
dierlaune. Wenn nicht, mache ich einfach Theater. Das hat
bisher noch immer geklappt. Die lassen es vor den Gästen
eh nicht auf einen Kampf ankommen!" Deshalb: **Lassen
Sie sich nicht zu Ausnahmen zwingen.** Kündigen Sie sie
vorher an.

Wenn Sie vor dem Gang zum Supermarkt keine Grenzen
setzen, können Sie im Supermarkt nach Lust und Laune
und völlig spontan reagieren. Sie können das Heft ohne

Kommentar kaufen. Sie können eine Grundsatzdebatte über Gruppendruck führen. Sie können das Kind davon überzeugen, dass es das Heft gar nicht möchte. Sie können Kompromisse aushandeln. Sie können eine Münze werfen. Aber wenn Sie sagen: *„Heute gibt's nix!"*, dann muss sich Ihr Kind zu 100 Prozent auf Sie verlassen können.

Und es gibt noch ein Trostpflaster: Wenn ein Kind sehr häufig die Erfahrung gemacht hat, dass es sich auf Ihr Wort verlassen kann, dass Sie standhaft bleiben können, dass Sie seinem aggressiven Verhalten nicht nachgeben, können Sie auch mal spontan großzügig sein. Meist reicht dann schon ein Wort oder ein Blick, um sich durchzusetzen. Je länger eine Regel stabil funktioniert, desto eher verträgt sie auch eine unangekündigte Ausnahme. Je mehr das jeweilige Verhalten ritualisiert ist, desto eher kann man sich auch mal eine Nachlässigkeit erlauben. Wer sich durchsetzen kann, muss sich nicht immer durchsetzen.

> Wer sich durchsetzen kann, muss sich nicht immer durchsetzen

Ablehnung aushalten!
Akzeptieren Sie die Wut

Eine der erfolgreichsten Methoden, Eltern zum Nachgeben zu bewegen, ist der Liebesentzug. Wenn Kinder den Eltern ihre Liebe entziehen und sie ihre Wut und Ablehnung spüren lassen, bringt das viele Mütter und Väter in einen solchen Stress, dass sie inkonsequent werden. Aus Angst, das Kind zu verlieren und sich ihm zu entfremden, geben sie nach. Mit Liebesentzug können Kinder in Sekundenschnelle unser notorisch schlechtes Gewissen auf Hochtouren bringen und Selbstzweifel schüren: „Wenn ich eine gute Mutter oder ein guter Vater wäre, würde mein Kind nicht so ablehnend reagieren. Vielleicht bin ich doch zu streng? Ich kümmere mich einfach nicht genug um ihn. Was soll ich machen? Ich hab einfach zu wenig Zeit! Was ist, wenn er mich für immer hasst? Wahrscheinlich ist sein Verhalten ein Hilfeschrei nach Liebe. Vielleicht sollte ich doch noch mal mit ihm darüber reden. So eine kleine Ausnahme ist ja nicht weiter tragisch. Ab morgen bin ich dann konsequenter!"

Obwohl Kinder angesichts dieser Nachgiebigkeit äußerlich triumphieren, sind sie innerlich wütend und enttäuscht. Wenn Eltern nachgeben, sind sie in den Augen ihrer Kinder schwach und erpressbar. Im Grunde ihres Herzens wünschen sie sich jedoch starke Erwachsene und reagieren wütend und enttäuscht auf diese Nachgiebigkeit. Dann beginnt ein Teufelskreis: Aus Angst vor Ablehnung geben Eltern nach. Dafür werden sie von den Kindern noch mehr abgelehnt. Die Angst vor Ablehnung wird bestätigt und nimmt zu. Die zunehmende Angst vor Ablehnung führt dazu, dass sie noch schneller nachgeben. Die Wut und Ablehnung der Kinder wächst. Der Kreis schließt sich.

> Wenn Eltern nachgeben, sind sie in den Augen ihrer Kinder schwach und erpressbar

Die Angst ist in Ordnung. Gegen sie anzukämpfen ist wenig hilfreich. Man kann die Angst nicht beseitigen, und sie zu verdrängen ist auch keine Lösung. Aber man kann lernen, die Angst wahrzunehmen, sich ihr zu stellen und sie auszuhalten. Wer die eigene Angst aushalten kann, kann auch die Wut der Kinder aushalten. Auch hier ist wieder die Trennung von Person und Verhalten wichtig. Manche Eltern reagieren wütend auf die Kinder, wenn diese mit Wut und Ablehnung auf Grenzen reagieren. Die Gefahr ist groß, dass man sich dann persönlich angegriffen fühlt und seinerseits beginnt, das Kind abzulehnen. Aber alle Gefühle von Kindern sind in Ordnung. Kinder dürfen wütend sein. Unsere Aufgabe ist es, diese Wut und unsere Angst vor Ablehnung auszuhalten.

Ich bin nicht deine Freundin oder dein Freund!
Erhalten Sie die Generationengrenze aufrecht

Kinder brauchen Eltern, die bereit sind, die Führung zu übernehmen und klare Grenzen zu setzen. Manche Väter oder Mütter möchten aber lieber die beste Freundin oder der beste Freund ihrer Kinder sein. Zwischen Kindern und Erwachsenen gibt es jedoch eine Generationengrenze. Auf der einen Seite erlaubt die Generationengrenze den Kindern spielerische Freiheiten ohne großen Verantwortungsdruck. Auf der anderen Seite braucht es aber auch Erwachsene, die Verantwortung übernehmen und diese Freiheiten begrenzen.

Freundschaften basieren auf dem Grundsatz der Gleichrangigkeit. Keiner steht über dem anderen. Keiner hat das Recht, dem anderen etwas zu befehlen oder Gehorsam von ihm einzufordern. Für Eltern und Kinder gilt dieser Grundsatz nicht. Eltern und Kinder sind zwar gleichwertig, aber nicht gleichrangig. **Eltern übernehmen in der Erziehung eine Leitungs- und Führungsfunktion.** Eltern dürfen Werte vermitteln und Dinge bestimmen. Eltern müssen in bestimmten Fällen den Gehorsam der Kinder einfordern. Und manchmal bleibt ihnen nichts anderes übrig, als Zwang anzuwenden. Zum Beispiel, wenn ein Kind sich weigert mitzugehen, weil es lieber noch weiter im Sandkasten spielen möchte. Eltern müssen sich nicht schämen, wenn sie Gehorsam einfordern. Sie sind eingeladen, diese Begriffe positiv zu definieren. Trauen Sie sich: Übernehmen Sie Führungsverantwortung. Setzen Sie Grenzen. Geben Sie den Kindern eine Richtung vor. Bestehen Sie auf kultivierten Umgangsformen. Indem Sie Werte vermitteln, machen sie Erziehung wertvoll.

Indem Sie Werte vermitteln, machen sie Erziehung wertvoll

Und noch etwas unterscheidet Familien von Freundschaften: Letztere basieren auf dem Grundsatz der Freiheit und Freiwilligkeit. Man sucht sich seine Freunde aus. Wenn sich Freundschaften nicht bewähren, gehen sie auseinander. Jeder kann jedem jederzeit die Freundschaft kündigen und seine eigenen Wege gehen. Im Gegensatz dazu sind Familien Zwangsgemeinschaften. Kinder sind existentiell auf ihre Eltern angewiesen und von ihnen abhängig. Weder können sich die Kinder die Eltern aussuchen, noch umgekehrt. Eltern können ihre Elternschaft nicht einfach kündigen. **Eltern tragen eine unkündbare Verantwortung für ihre Kinder.** Kinder wiederum können bei „Nichtgefallen" ihre Eltern nicht einfach gegen andere eintauschen. Dieses Aufeinander-angewiesen-Sein kann das Familienleben besonders erfüllend, aber auch besonders belastend machen.

Eng verknüpft mit der Illusion der Freundschaft zwischen Eltern und Kindern ist die Illusion der Demokratie in der Erziehung. Immer häufiger wird von „demokratischer Erziehung" geredet. Können Kinder die Eltern wählen, die ihnen am meisten Fernsehzeit versprechen? Können Kinder missliebige Eltern abwählen? Können Kinder, wenn sie die Mehrheit haben, die Familiengesetze bestimmen? Können Kinder ihre Eltern zur Abstimmung darüber zwingen, wie lange sie aufbleiben dürfen? Häufig wird Demokratie mit Mitbestimmung verwechselt. Je älter Kinder werden, desto mehr Mitbestimmungsmöglichkeiten brauchen sie. Aber demokratisch ist das nicht. Manchmal müssen Eltern auch dann noch ein Machtwort sprechen und die Macht der Eltern ist nicht abwählbar. **Eine demokratische Erziehung ist eine Illusion.**

Unter einer Bedingung lassen sich Familien allerdings demokratischen Verhältnissen vergleichen: wenn Mutter und Vater in Opposition zueinander stehen. Dann spielen die Kinder die Parteien gegeneinander aus und koalieren –

je nach „politischer Zielsetzung" – mal mit der einen Partei, mal mit der anderen. So lässt sich nach dem Motto *Teile und herrsche* komfortabel regieren.

Grundsätzlich genießt Freiheit in den Familien heut einen hohen Stellenwert – einen zu hohen. Immer mehr Kinder sind es gewohnt, zu Hause den Ton anzugeben, alles zu bestimmen und die Eltern herumzukommandieren. Sie gehen ins Bett, wann sie wollen, sie bestimmen den Speiseplan und essen, wie und wann sie wollen, räumen auf, wann sie wollen, schauen fern, solange sie wollen und was sie wollen und kaufen, was sie wollen. Alle Entscheidungen werden ausdiskutiert. Wie kleine Könige stolzieren diese Kinder in den Kindergarten und ins Klassenzimmer und handeln (frei nach Qualtinger) nach dem Motto: „Zuerst komm i, und dann komm i, und was dann kommt, kommt nie!"

Dabei kommt es irgendwann zu einem paradoxen Verhalten: Obwohl diese Kinder verzweifelt nach Sicherheit und Orientierung suchen, empfinden sie jede Regel als Freiheitsberaubung, Kränkung, Unverschämtheit und Zumutung und wehren sich mit aller Macht dagegen. Sie suchen nach Grenzen und Halt, wollen sich aber ihre Freiheit und ihre Macht nicht nehmen lassen. Wenn die Erwachsenen dann erschöpft aufgeben, haben die Kinder gleichzeitig einen triumphalen Sieg errungen und eine schwere Niederlage hinnehmen müssen. Sie fühlen sich einerseits den Erwachsenen überlegen und unbesiegbar stark und mächtig. Andererseits sind sie wütend und enttäuscht über die schwachen Erwachsenen.

Manchmal müssen Eltern ihren Kindern aber auch zur Freiheit verhelfen. Denn Freiheit kann Angst machen. Das Gewohnte aufgeben und das Unbekannte wagen ist nicht so einfach. **Auch das Loslassen will gelernt sein.** Wenn Kinder aus Angst vor dem Neuen am Alten festhalten, braucht es manchmal einen „Schubser". Wenn Kinder aus

Gewohnheiten herausgewachsen sind, diese aber nicht aufgeben können, braucht es manchmal Anstöße von außen. Dann muss eben die Schnullerfee kommen und den liebgewonnenen „Nucki" gegen ein ganz tolles Geschenk für große Kinder eintauschen, das über den Verlust der Sicherheit hinweghilft.

Hart, aber herzlich!

Wenn Kinder über die Stränge schlagen, andere verletzen oder sich nicht an Regeln und Vereinbarungen halten, muss dies Konsequenzen haben. Das heißt, sie müssen für dieses Verhalten einen Preis bezahlen oder die entstandenen Schäden und Verletzungen wiedergutmachen. **Konsequenzen sind ein Gebot der Fairness und Gerechtigkeit.** Den meisten Eltern ist diese Notwendigkeit bewusst. Ein konsequenter Erziehungsstil ist das Fundament jeder Erziehung. Trotzdem haben viele mit dieser Erziehungsaufgabe große Schwierigkeiten. Überdurchschnittlich häufig steckt hinter Verhaltensauffälligkeiten und Erziehungsschwierigkeiten mangelnde Konsequenz in der Einforderung und Durchsetzung von prosozialem Verhalten. Schuld daran sind zwei gegenläufige Bedürfnisse. Wir wissen, dass Kinder Sicherheit, Orientierung und Struktur brauchen und dass ihnen Grenzen und Regeln diesen notwendigen Halt geben. Und wir wissen auch, dass Grenzen und Regeln nur dann stabil sind und den nötigen Halt geben, wenn wir nicht ständig nachgeben, sondern konsequent sind und hart bleiben. Wir spüren aber auch, dass Kinder unsere Liebe brauchen und möchten sie bedingungslos annehmen. Wir würden gerne fünf gerade sein lassen und nach dem Motto leben: „Liebe verzeiht alles!"

> Ein konsequenter Erziehungsstil ist das Fundament jeder Erziehung

Klare Grenzen und grenzenlose Liebe passen scheinbar nicht zusammen. Oder um es mit den Worten einer innerlich unentschiedenen Mutter auszudrücken: „Ich weiß, ich müsste konsequenter sein, aber ich bring's einfach nicht übers Herz!"

Die gute Nachricht ist: Grenzen und Liebe passen zusammen. Sie sind nur auf den ersten Blick gegensätzlich. Man kann gleichzeitig hart und herzlich sein. **Eine liebevoll konsequente Erziehung ist möglich.** Die schlechte Nachricht ist: Erziehung wird dadurch nicht leichter. Bevor es jedoch um die Verbindung dieser beiden Pole geht, möchte ich die Frage klären, was „konsequent sein" heißt und was wirkungsvolle Konsequenzen auszeichnet.

Lassen Sie Konsequenzen sprechen

Eine Mutter klagte mir einmal mit folgenden Worten ihr Leid: „Ich weiß mir bald nicht mehr zu helfen. Ich versuche wirklich, konsequent zu sein, aber mein Sohn macht einfach, was er will. Ich weiß langsam nicht mehr weiter. Ich schimpf doch schon den ganzen Tag!"

Hier liegt ein Missverständnis über Konsequenzen vor. Sich aufregen, schimpfen, predigen, drohen und (ins Gewissen) reden sind keine Konsequenzen. Die Kinder nennen dieses Erwachsenenverhalten „zutexten", „Gerede" oder „heiße Luft".

Schimpfen ist keine Konsequenz

Meist reden sie abfällig oder belustigt darüber. Und das hat einen guten Grund: Sie können einfach nicht glauben, dass Erwachsene so naiv sind, davon auszugehen, dass „zutexten" eine Wirkung hat. Sie fühlen sich unterschätzt und nicht ernst genommen. **Schimpfen ist nur für eine Seite anstrengend – für die Eltern.** Das einzige, was die Kinder dabei tun müssen, ist, die Ohren „auf Durchzug" zu schalten.

Um wirksam zu sein, muss eine Konsequenz zwei Bedingungen erfüllen:

1. Das Kind muss persönlich davon betroffen sein.
2. Die Konsequenz muss dem Kind unangenehm sein.

Kinder lernen, genauso wie wir Erwachsenen, nur aus persönlich erlebten Konsequenzen. Aus Schaden wird man klug, weiß der Volksmund. Wenn aus unsozialem Verhalten keine Nachteile entstehen, überwiegt der Gewinn. Würden Sie auf gewinnbringendes Verhalten verzichten? Würden Fußballspieler auf Fouls verzichten, wenn der Schiedsrichter nur mit ihnen schimpfen würde? Wenn es um Regelverletzungen und um unsoziales Verhalten geht, führt das Motto „Hauptsache, wir haben darüber geredet" nicht zum Erfolg. Und sich aufregen ist besonders unwirksam. Erwachsene, die sich aufregen, sind ein besonderes „Event" im Alltag der Kinder. Wer kann es ihnen da verdenken, dass sie immer wieder dieselbe „Unterhaltungsshow" provozieren?

Also: Lassen Sie Konsequenzen sprechen. Es reicht vollkommen, wenn Sie das störende Verhalten sowie die dadurch ausgelösten Gefühle und verletzten Bedürfnisse kurz benennen und dann zu den Konsequenzen kommen: „Dass du mir so ein schlimmes Schimpfwort an den Kopf wirfst, verletzt mich sehr. Diese Beleidigung und Respektlosigkeit lasse ich mir nicht bieten. Morgen erfährst du von mir, welche Konsequenzen das haben wird." Das sind selbst bei langsamster Sprechgeschwindigkeit maximal 15 Sekunden. Das genügt. An diesem Beispiel wird noch etwas anderes deutlich: Wenn es für bestimmte Verhaltensweisen noch keine festgelegte Konsequenz gibt, dürfen Sie sich ruhig Zeit dafür nehmen. Wichtig ist nur, dass Sie das störende Verhalten sofort benennen und eine Konsequenz ankündigen. Die Bekanntmachung der Konsequenz hat Zeit. Dies schützt Sie davor, zu unüberlegten Konsequenzen zu greifen, die sich anschließend nicht durchhalten lassen.

Wie finden Sie wirksame Konsequenzen?

1. **Ergeben sich auf ganz natürliche Weise unangenehme Konsequenzen für das Kind?** Welche natürlichen Folgen ergeben sich aus dem Verhalten des Kindes, wenn Sie nicht eingreifen, nicht auf das Kind zugehen und sich eigens darum kümmern? Diese natürlichen Konsequenzen sollten Vorrang haben.

Wenn ein Kind auf Pommes frites besteht und deshalb das angebotene Essen nicht isst, wird es bei der nächsten Mahlzeit umso mehr Hunger haben – vorausgesetzt, man bleibt freundlich entspannt und gibt dem Drängen nach Süßigkeiten zwischendurch nicht nach.

Wenn ein Kind ohne triftigen Grund zu spät zum Mittagessen kommt, muss es eben mit dem kalten Essen vorliebnehmen und hat die leckere Vorspeise verpasst – vorausgesetzt, das Essen wird nicht extra für das Kind aufgewärmt.

Die unangenehmen Auswirkungen natürlicher Konsequenzen können nicht immer abgewartet werden. Was wäre beispielsweise die natürliche Konsequenz, wenn Ihr Kind nicht rechtzeitig ins Bett geht und weder Sie noch andere sich eigens darum kümmern würden? Es würde morgens länger schlafen. Dies hätte zur Folge, dass es nicht rechtzeitig in den Kindergarten oder in die Schule käme und Sie evtl. nicht rechtzeitig zur Arbeit – eine Konsequenz, die Sie dauerhaft nicht in Kauf nehmen wollen, weil sie letztendlich den Verlust Ihres Arbeitsplatzes und mangelnde schulische Leistungen Ihres Kindes nach sich zöge.

Wenn ein Kind die natürlichen Konsequenzen seines Verhaltens nicht als unangenehm erlebt oder Sie nicht auf das Eintreten dieser Konsequenzen warten können, gibt es andere Möglichkeiten:

2. **Welchen Preis müssen Sie selbst für das Verhalten Ihres Kindes zahlen?** Fordern Sie diesen Preis von ihrem Kind zurück. Wenn Ihr Kind beispielsweise eine halbe Stunde „Theater" macht, bis es ins Bett geht, fordern Sie die Zeit, die Sie das kostet, am nächsten Tag zurück, indem das Kind eine halbe Stunde früher ins Bett muss.

3. **Handelt es sich bei dem Streitthema um ein Recht oder Privileg, das Sie dem Kind gegeben haben?** Rechte sind immer auch mit Pflichten verbunden. Wenn das Kind das Recht hat, sich außerhalb des Hauses mit Freunden zu verabreden, müssen Sie sich darauf verlassen können, dass es die Pflicht, zu einer verabredeten Zeit wieder zu Hause zu sein, auch ernst nimmt. Tut es dies nicht, verliert das Kind dieses Recht für einige Zeit. Nach dieser Zeit bekommt es eine neue Chance und kann nun beweisen, dass es in der Lage ist, Verantwortung zu tragen. Dasselbe gilt für Privilegien wie Fernsehschauen und Computerspielen. Es gibt kein Recht auf Fernsehen.

All diese Konsequenzen können Sie jedoch dem Kind in ihrer Logik erklären. Sie sind fair und gerecht. Sie stehen in einem Sachzusammenhang mit dem entsprechenden Verhalten und sind weder sinnlos noch willkürlich. Wenn mit Kindern über die Konsequenzen geredet wird, ist es wichtig, einen Unterschied zwischen Erklären und Verhandeln zu machen: Konsequenzen dürfen erklärt, aber nicht in Frage gestellt werden. Dass jedem unsozialen Verhalten Konsequenzen folgen, steht nicht zur Diskussion. Und damit sind wir beim nächsten Thema.

> Konsequenzen dürfen erklärt, aber nicht in Frage gestellt werden

Halten Sie die Konsequenzen aus

Die Gefahr ist groß, dass man die Wirkung von Konsequenzen „verschenkt", weil man es nicht aushält, dass ein Kind unter ihnen leidet. Aus Mitleid oder weil man ein schlechtes Gewissen bekommt und nicht als böse Mama oder Papa dastehen möchte, geht man auf das Kind zu und nimmt ihm die Konsequenzen ab. Hinter dem Mitleid stecken manchmal aber auch ich-bezogene Interessen: Wenn man aus Mitleid auf das Kind zugeht und ihm die Konsequenzen seines Verhaltens erlässt, erspart man nicht nur dem Kind, sondern auch sich selbst Leid. Denn wenn ein Kind etwas aushalten muss, müssen wir es mit aushalten.

Wer einem Kind die Konsequenzen seines Verhaltens abnimmt, sagt indirekt zu ihm: „Du kannst die Folgen deines Verhaltens noch nicht tragen, dazu bist du noch zu klein und schwach!" Kinder wollen aber groß und stark sein. Wir haben kein Recht sie klein zu machen und ihnen alles abzunehmen, nur weil wir es nicht mittragen können und uns selbst erleichtern wollen. Es macht Kinder stolz auf sich selbst, wenn sie spüren, dass die Erwachsenen ihnen etwas zutrauen, ihnen die Verantwortung für ihr Verhalten – und dessen Folgen – zumuten. Wer Kinder vorzeitig aus der Verantwortung entlässt, sie, wann immer es geht, entlastet und ihnen alles Schwere abnimmt, nimmt ihnen die Gelegenheit, aus den Folgen ihres Handelns zu lernen und zu verantwortungsbewussten Erwachsenen zu werden. Die Familie sollte in dieser Hinsicht kein Schonraum sein, sondern Übungsfeld.

Auch bei dieser schweren Aufgabe hilft die Trennung von Person und Verhalten: Mitgefühl ist nicht schlecht. Es ist ein gutes Zeichen, wenn Sie mit Ihrem Kind mitleiden können. Es zeigt, dass Sie sich in das Kind einfühlen und mit ihm mitempfinden können. Einfühlungsvermögen zählt zu den wichtigsten Merkmalen von Erziehungskompetenz und ist die Basis jeder Liebe. Wer einfühlsam ist, kann einem Kind unmöglich unnötige Schmerzen zufügen und Gewalt gegen es anwenden. Aber die Empathie sollte nicht dazu führen, dass wir Kinder auf der Verhaltensebene schonen und ihnen die persönliche Wiedergutmachung abnehmen. Man darf mit den Gefühlen des Kindes mitfühlen und dieses Mitgefühl auch ausdrücken. Man darf Verständnis für die Wut, die Frustration, den Groll und die Rachephantasien des Kindes äußern. Man darf auch zeigen, wie schwer es einem selbst fällt, die Konsequenzen auszuhalten. Aber man darf dem Kind die Konsequenzen nicht abnehmen. **Seien Sie liebevoll gegenüber den Gefühlen des Kindes, aber konsequent gegenüber seinem Verhalten.**

Verzichten Sie auf Einsichtsforderungen

Kommt Ihnen irgendeiner der folgenden Sätze bekannt vor?
- „Siehst du's (jetzt) wenigstens ein?"
- „Du müsstest doch langsam mal einsehen, dass …!"
- „Sei doch nicht so uneinsichtig!"
- „Jetzt sieh doch endlich mal ein, dass …!"
- „Wann wirst du endlich mal einsichtig?"
- „Siehst du wenigstens ein, dass …?"
- „Warum willst du (einfach) nicht einsehen, dass …?"
- „Gut, dass du's einsiehst!"

Dieselben Sätze ließen sich auch mit dem Wort „Vernunft" durchspielen: „Sei doch (mal) vernünftig! Wann wirst du endlich (mal) vernünftig?" usw.

Wir möchten, dass Kinder sich aus einer inneren Einsicht heraus so verhalten, wie es richtig ist und wie wir es gerne hätten, und nicht, weil wir es sagen. Wenn sie sich unsozial verhalten haben, sollen sie einsehen, dass sie etwas falsch gemacht haben, denn wir glauben, dass nur diese Einsicht dazu führen wird, dass sie ihr Verhalten ändern. Dieser Wunsch nach einsichtigen Kindern ist nicht falsch. Die Frage ist nur, ob diese Einsichtsforderungen wirklich zu Einsicht und Vernunft führen.

Einsicht lässt sich nicht erzwingen.
Was machen Sie, wenn Ihr Kind Ihrer Einsichtsforderung nicht entspricht? Haben Sie wirklich einen direkten Einfluss darauf? Einsicht und Vernunft lassen sich nicht gezielt herstellen. Sie entziehen sich unserem direkten Einfluss. Einsicht kann weder eingeklagt noch eingefordert werden. Einsicht lässt sich beobachten, denn sie zeigt sich in dem, was Kinder sagen und tun. Sie können es hören und sehen, wenn Kinder einsichtig und vernünftig sind. Aber Einsicht lässt sich nicht erzwingen.

Verlorene Einsichtskämpfe verhindern den Erfolg.
Und was ist, wenn Sie es dennoch versuchen? Dann verlieren Sie. Wenn Ihr Kind steif und fest behauptet: „Nein, seh ich aber nicht ein!", sind sie machtlos. Sie können toben, betteln, argumentieren, jammern und Druck machen, soviel sie wollen. Sie stehen auf verlorenem Posten – und die Kinder wissen und genießen es. Mit diesem Bewusstsein lässt sich jede Konsequenz locker ertragen. Damit ist eine wichtige Erfolgsbedingung für wirkungsvolle Konsequenzen hinfällig geworden. **Denn die Konsequenz wird nicht mehr als unangenehm erlebt.** Die Wirkung der Konsequenzen wird abgeschwächt oder sogar aufgehoben, wenn wir Einsicht erfolglos einfordern. In diesen Fällen gehen die Kinder mit einem Gewinn und nicht mit unangenehmen Konsequenzen aus dem Gespräch. So verhindern verlorene Einsichtskämpfe den gewünschten Erfolg.

Einsicht auf Kommando verhindert Einsicht.

Nehmen wir einmal an, jemand sagt zu Ihnen: „Jetzt seien Sie doch mal ein bisschen spontan!" Welche Folgen hat diese Aufforderung? Erstens dürfen Sie jetzt erst recht nicht spontan sein, selbst wenn Sie es eigentlich gerne wären, denn befehlen lassen Sie sich nichts. Zweitens erlischt auch noch der letzte Rest an Spontaneität, denn ab jetzt sind sie befangen und nicht mehr frei. Kindern geht es mit Einsichtsforderungen nicht anders. Einsichtsforderungen verhindern die Entwicklung von Einsicht. Einsicht entsteht und zeigt sich spontan und nicht, wenn wir es gerne hätten.

Warum kämpfen wir dann immer wieder so verbissen um die Einsicht, obwohl wir ganz genau wissen, wie fruchtlos das meistens ist?

Einsichtige Kinder geben Eltern Recht.

Wenn Kinder etwas einsehen, dann haben wir gewonnen. Einsichtige Kinder geben uns Recht. Wenn sie nicht einsehen würden, dass wir Recht haben, wären sie auch nicht einsichtig. Waren die Selbstzweifel, ob wir das Richtige tun, auch noch so bohrend, jetzt sind sie wie weggeblasen. Wenn die Kinder uns Recht geben, stimmen sie uns zu. Dann lagen wir doch nicht so falsch mit unseren Forderungen, Werten und Ansichten. Einsichtige Kinder tun uns gut. Sie besänftigen unsere Selbstzweifel und Unsicherheiten.

Einsichtige Kinder geben Eltern Anerkennung und Bestätigung.

Wenn sich Kinder einsichtig zeigen, haben wir unser Ziel erreicht. All unsere Mühen haben sich gelohnt. Wenn Kinder einsichtig sind, haben sie verstanden, worum es uns in Wirklichkeit geht. Sie haben begriffen, warum das, was sie tun sollen, gut ist.

Sie verhalten sich richtig, weil sie den Sinn des Ganzen verstanden haben und nicht, weil wir es sagen. Sie verhalten sich aus einem inneren Wunsch heraus. Dann können wir uns beruhigt zurücklehnen. Wir wissen, dass wir einen guten Job gemacht haben und fühlen uns bestätigt. **Einsicht ist der Lohn für all unsere Mühe.** Einsichtige Kinder geben uns Anerkennung und Bestätigung. Die Frage ist nur, ob wir diesen Lohn von den Kindern einfordern dürfen.

Wir alle brauchen Anerkennung und Bestätigung. Aber wir dürfen diese Wertschätzung nicht von den Kindern verlangen. Sie sind nicht dafür da, dass wir uns gut fühlen. Kinder sind uns keine Gegenleistung schuldig. Das Leben wurde ihnen geschenkt. Sie sind uns nicht zu Dank verpflichtet. Im Grunde wissen wir das. Und doch schleicht sich immer wieder der Wunsch nach Dankbarkeit und Anerkennung ein: „Und das ist nun der Dank! Undank ist der Mühe Lohn! Du könntest wenigstens einmal danke sagen! Ich schufte den lieben langen Tag, und was machst du? Für wen mach ich denn das alles? Glaubst du vielleicht, mir macht das Spaß ...?"

Kinder fühlen sich von uns benutzt, wenn wir von ihnen Anerkennung und Bestätigung verlangen. Dies ist eine Form des Missbrauchs. Und es gibt noch einen anderen Nachteil: Wenn wir Einsicht und Dankbarkeit als Erfolgsbeweis unserer erzieherischen Bemühungen und zur Stärkung unseres Selbstwerts benötigen, machen wir uns von den Kindern abhängig. Damit verkehren wir das Generationenverhältnis in sein Gegenteil. Plötzlich brauchen die Eltern die Kinder und nicht mehr umgekehrt.

Holen Sie sich die Anerkennung und Bestätigung, die Sie brauchen, von Ihrem Partner oder Ihrer Partnerin und von Ihren Freunden, aber nicht von den Kindern. **Wir dür-**

Kinder sind uns keine Gegenleistung schuldig

fen uns Einsicht, Dankbarkeit, Anerkennung und Bestätigung schenken lassen, aber wir dürfen sie nicht einfordern.

Einsichtige Kinder entlasten Eltern.

Erziehung ist untrennbar mit Schuldgefühlen verbunden.
Wir haben zu wenig Zeit für die Kinder. Wir können nicht
alle Bedürfnisse der Kinder gleichzeitig
und gleich gut befriedigen. Wenn wir
Grenzen setzen und Regeln aufstellen,
sind wir Spaßverderber. Wenn wir auf
der Einhaltung der Regeln bestehen,
sind wir Spießer. Wenn wir mit Konse-
quenzen arbeiten, sind wir „harte Brocken". Wenn wir den
Kindern die Folgen ihres Verhaltens zumuten, werden wir
abgelehnt und sind die Bösen. Es bleibt immer noch etwas,
was wir besser machen könnten. Wir machen Fehler und
wir wissen es. Wie schön wäre es, wenn die Kinder sehen
würden, wer wir in Wirklichkeit sind: Nette Menschen,
die ihr Bestes geben und die Kinder lieben.

> Erziehung ist untrennbar mit Schuldgefühlen verbunden

Wenn Kinder einsichtig sind, sagen sie gewissermaßen
zu uns: „Ja, ich seh' ja ein, dass ihr Recht habt und dass ihr
es ja nur gut mit mir meint und dass ihr nur mein Bestes
wollt und gute Eltern seid!" Dann fühlen wir uns entlastet
und ent-schuldigt. Wir müssen keine Angst mehr haben,
abgelehnt zu werden. Das schlechte Gewissen darüber,
dass wir hart sein und Konsequenzen einfordern müssen,
wird besänftigt. Die Schuldgefühle nehmen ab.

Wir dürfen diese Entlastung aber nicht einfordern. **Kinder sind nicht dazu verpflichtet, uns die Erziehung leicht
zu machen.** Sie sind nicht für unsere Schuldgefühle verantwortlich. Wir müssen die Last der Verantwortung selbst
tragen. Kinder müssen unsere Erziehung nicht gutheißen
und unsere Konsequenz bejahen. Sie dürfen uns vorwerfen,
dass wir nichts richtig machen und die schlechtesten und
gemeinsten Eltern der Welt sind. Denn:

Motzen gehört zum Spiel

Wirkliche Entlastung bringt nur eine Haltungsänderung. Es hilft, wenn man sich klar macht, dass man es den Kindern unmöglich recht machen kann, wenn man ihnen Grenzen setzt und sie zur Einhaltung von Regeln zwingt. Früh ins Bett zu müssen, Tischsitten, nicht alle Wünsche erfüllt zu bekommen, begrenzter Spaß, aufräumen und den Fernseher ausschalten sind wirklich Zumutungen. Kinder haben das Recht, dagegen zu protestieren und uns dafür abzulehnen.

Doch wir dürfen Kindern an dieser Stelle nicht auf den Leim gehen und uns allzu sehr von ihren Protesten beeindrucken lassen. Wenn wir glauben, dass Kinder, die sich ablehnend und uneinsichtig verhalten, auch uneinsichtig sind, dann täuschen wir uns. Sie sehen das Ganze als Teil eines ewigen Generationen-Spiels. Wenn ich mich mit Kindern und Jugendlichen darüber unterhalte, geben sie hinter vorgehaltener Hand zu, dass es der Job der Eltern ist, Grenzen zu setzen. Und in Wirklichkeit finden sie es auch gut, wenn Eltern ihren Job ordentlich machen. Aber sie dürfen es nicht laut zugeben. Das würde gegen die Spielregeln verstoßen. Kinder sehen vieles ein – heimlich. Den „Alten" Recht zu geben, ist aber so ziemlich das Peinlichste und „Uncoolste", was man machen kann. **Einsehen: ja – es zeigen: nein!** Den Eltern gehorchen und sich ordentlich benehmen zu müssen, ist schon demütigend und schlimm genug. Dafür auch noch Einsicht und Verständnis zu zeigen, ist zuviel des Guten. Kinder und Jugendliche sind es ihrem Stolz und ihrer Würde schuldig, ihre Einsicht nicht zur Schau zu stellen. Und wir Erwachsenen sollten das respektieren.

Eltern müssen Grenzen setzen und standhaft bleiben. Kinder dürfen sich dagegen auflehnen. Das sind die Spiel-

> Kinder sehen
> vieles ein –
> heimlich

regeln. Durch Herumgemotze erfüllen Kinder ihre Ablehnungspflicht, können ihre Wut zeigen und den Eltern ihre Gemeinheit ein Stück weit zurückzahlen. Motzen gehört zum Spiel. Genauso wie sie selbst sich an die Spielregeln halten, erwarten Kinder und Jugendlichen auch von den Eltern, dass diese sich an die Spielregeln halten. Und dazu gehört auch, dass Eltern ihre Kinder nicht dafür ablehnen und ihnen böse sein dürfen, wenn sie motzen – solange das Motzen nicht handgreiflich wird und in Beleidigungen ausartet. Manche Eltern fühlen sich durch motzende Kinder persönlich angegriffen und reagieren nun ihrerseits aggressiv: „Immer musst du rummotzen! Kannst du nicht einmal tun, was ich sage, ohne einen Kommentar dazu abzugeben? Deine ständigen Widerreden gehen mir langsam auf die Nerven! Hör gefälligst mit dem Gemotze auf!" Motzen mit Motzen zu bekämpfen ist nicht besonders hilfreich. So geben Eltern kein gutes Beispiel ab. Der Trick besteht darin, Motzen nicht mehr als Angriff, Ablehnung und Beleidigung, sondern als Anerkennung und Bestätigung aufzufassen. **Ein größeres Lob als Motzen kann Ihr Kind Ihnen gar nicht geben.** Es zeigt nämlich, dass Sie dazu fähig sind, eine Grenze zu setzen, die Ihrem Kind etwas bedeutet.

Und jetzt mal ehrlich – wir sind ja unter uns: Sind wir denn soviel besser als unsere Kinder? Nehmen wir einfach einmal das Beispiel „rote Ampel". Wie oft gehen Sie bei Rot über die Ampel, weil Sie's eilig haben – obwohl Sie im Prinzip einsehen, dass Fußgängerampeln sinnvoll sind, weil sie das Unfallrisiko minimieren? Auch Kinder haben manchmal Interessen, die gegen ihre Einsicht sprechen. Entscheidend ist nicht die Einsicht. Kinder und Jugendliche sind viel einsichtiger und vernünftiger, als wir denken. **Entscheidend sind die Verhaltenskonsequenzen.** Oder warum bleiben Autos an roten Ampeln stehen, Fußgänger aber oft nicht?

Clevere Kinder sind demonstrativ einsichtig.
Manche Eltern verzichten auf Konsequenzen, wenn ihre
Kinder einsichtig sind und zeigen, dass ihr Verhalten ihnen
Leid tut. Doch Reue und Besserungsversprechen sind keine
Konsequenzen. Sie kosten das Kind nichts. Außer ein biss-
chen reden muss ein Kind nichts dafür tun. Einsichtsbe-
kundungen sind kinderleicht.

Kinder begreifen schnell, wie sehr wir auf Einsicht „abfahren". Längst haben sie unsere Schwäche entdeckt und
uns als „Einsichtsjunkies" entlarvt. Dann geben sie uns,
was wir brauchen – aber es ist nicht ganz billig. Es kostet
uns die Konsequenz. Das Schauspiel, das dabei zu beobachten ist, ähnelt einem – nicht ganz wörtlich zu nehmenden
– Theaterstück in sechs Akten mit dem Titel:

Die Einsichtsfalle

Erster Akt:
Mit tränenerstickter Stimme beteuert Max seine Einsicht:
„Es tut mir ja so Leid. Ich seh' voll ein, dass ich Mist gebaut
hab'. Ich versteh' jetzt auch, dass das echt nicht okay war.
Jetzt bist du sicher ganz arg sauer auf mich!"

Zweiter Akt:
Gerade noch wollten Sie mit einer saftigen Wiedergutmachung kommen, doch jetzt bringen Sie's nicht mehr übers
Herz: „Na, jetzt beruhig' dich erst mal. So schlimm war's
ja auch wieder nicht. Ich weiß ja, dass du es nicht so gemeint hast. Hauptsache, dir tut's Leid und du siehst ein,
dass dein Verhalten nicht okay war. Jetzt bin ich schon
nicht mehr so wütend auf dich. Wenn du versprichst, dass
das nie wieder vorkommt, will ich noch mal ein Auge zudrücken!"

Dritter Akt:
Max: „Es kommt auch nie wieder vor. Ehrlich. Versprochen!"

Vierter Akt:
Vor seinem Freund schüttelt sich Max vor lachen und prahlt: „Au Mann, du hättest meine Show sehen sollen. Ich hab' volle Kanne auf die Tränendrüse gedrückt. Und dann hab ich ihr die Einsichtsspritze gegeben. Die wirkt jetzt ne gute Woche. In der Zeit kann ich mir alles erlauben!"

Fünfter Akt:
Eine Woche später. Sie sagen frustriert: „Ich bin so enttäuscht von dir, Max! Wie konntest du mir das antun, nachdem ich so viel für dich getan habe! Hast du mir nicht versprochen, dass das nie wieder vorkommt?"

Das gesamte Schauspiel lässt sich beliebig oft wiederholen.

Sind Einsicht und Vernunft schlecht?

Einsicht als Erziehungsziel ist nicht schlecht. Aber dieses Ziel lässt sich nicht durch Einsichtsforderungen erreichen. Einsicht ist das Ergebnis eines konsequenten, aber nicht bestrafenden Erziehungsstils, der den Kindern Verantwortung gibt und sie die Folgen ihres Verhaltens tragen lässt. Einsicht wächst langsam im Erziehungsalltag. Sie ist das Ergebnis vieler gelungener Erziehungsmomente und anstrengender Erziehungsarbeit. Einsicht lässt sich nicht anordnen oder einfordern. Sie kommt als Geschenk, das mit Dankbarkeit erfüllt. Sie stellt sich freiwillig ein, wenn es an der Zeit ist. Es geht nicht darum, Einsicht abzulehnen. Es geht einzig und allein darum, Einsicht nicht einzufordern – und das ist schon schwer genug!

Alles, was bisher über die Einsicht gesagt wurde, gilt auch für die Vernunft. Auf die häufig gestellte Frage „Wann wirst du endlich mal vernünftig?", gibt es eine einfache Antwort: **Kinder werden vernünftig, wenn wir „vernünftig" erziehen und aufhören, Vernunft einzufordern.** Man bekommt von Kindern fast alles, was man sich wünscht – wenn man es nicht einfordert. Deshalb: Lassen Sie die Konsequenzen sprechen. Verlangen Sie für unsoziales Verhalten einen persönlichen Preis oder eine Wiedergutmachung – aber keine Einsicht.

Der Unterschied zur Strafe

Kinder lernen nur, wenn ihre Emotionen beteiligt sind. Wenn sie Regeln verletzen, Grenzen überschreiten und Gewalt anwenden, müssen sie so mit ihrem unsozialen Verhalten und seinen Folgen konfrontiert werden, dass sie emotional berührt sind. Auch die anschließenden Konsequenzen müssen eine emotionale Bedeutung haben. Veränderung braucht Emotionen. Wenn Kinder durch unsere Reaktion nicht emotional berührt werden, fühlen sie sich nicht betroffen. Wenn es uns nicht gelingt, ihnen die Folgen ihres Verhaltens so nahe zu bringen, dass sie darüber erschrecken, muss es uns nicht wundern, wenn sie unsoziales Verhalten auf die leichte Schulter nehmen.

Veränderung braucht Emotionen

Immer nur lieb und nett zu sein, hilft nicht weiter. Auf der anderen Seite dürfen wir Kinder aber auch nicht demütigen, verängstigen oder „brechen". Wenn Kinder sich vor den eigenen Eltern fürchten müssen, ist das für beide Seiten schlimm. Wo Angst ist, kann keine Liebe sein. Wer Gehorsam mit Gewalt erzwingt und Kinder bestraft, kann kein Vorbild für ein gewaltfreies Miteinander sein. Es geht nicht darum, ob man es schafft, Kindern Grenzen zu setzen. Es geht darum, ob man dazu einen autoritären und bestrafenden Erziehungsstil benötigt. Es geht nicht darum, Kindern Angst zu machen oder ihnen weh zu tun. Es geht darum, einen fairen Ausgleich für unsoziales Verhalten einzufordern.

Wir stehen vor schwierigen Fragen:
Was ist der Unterschied zwischen einem bestrafenden und einem konsequenten Erziehungsstil? Wie können wir Kinder und Jugendliche emotional erschüttern, ohne sie zu misshandeln? Wie können wir gleichzeitig konsequent und liebevoll sein?

1) Trennen Sie zwischen Person und Verhalten

Sie können gleichzeitig konsequent und liebevoll sein, indem Sie einen Unterschied zwischen Person und Verhalten machen (vgl. S. 18, 23, 27, 67, 109, 118, 162). Die Fähigkeit zwischen Person und Verhalten zu trennen, wurde schon des öfteren angesprochen. Sie steht im Zentrum jeder guten Erziehung und ist die Basis eines nicht bestrafenden Erziehungsstils. Das Entscheidende steckt in dem kleinen Wörtchen „Person". Wir verstehen darunter alles, was in einem Menschen vor sich gehen kann und machen einen Unterschied zwischen diesem inneren Erleben und dem nach außen sicht- und manchmal auch spürbaren Verhalten. Zum Verhalten zählt auch die Sprache. Wir machen einen Unterschied zwischen dem, was ein Kind denkt, fühlt und wünscht und dem, was es als Verhalten zeigt. Kinder dürfen wütend sein, aber sie dürfen nicht zuschlagen. Kinder dürfen jemanden ablehnen, aber sie dürfen den Betreffenden nicht beleidigen oder beschimpfen. Kinder dürfen neidisch, frustriert und enttäuscht sein, aber sie dürfen anderen nichts wegnehmen oder etwas zerstören. Kinder dürfen denken, fühlen und wünschen, was sie wollen, aber sie dürfen nicht tun oder sagen, was sie wollen. Alle Gedanken, Gefühle und Impulse – seien sie auch noch so erschreckend und brutal – sind vollkommen in Ordnung, dürfen aber nicht beliebig ausgedrückt und ausgelebt werden. Wenn ein Kind seelisch oder körperlich verletzt wurde, hat es ein Recht auf Wiedergutmachung, aber kein Recht auf Gewalt.

Kinder und Jugendliche wollen mit ihrer ganzen Person angenommen werden. So wie sie sind. Mit ihren ganz eigenen Gedanken, Phantasien und Ideen. Mit ihren manchmal chaotischen und zum Teil auch dunklen und erschreckenden Gefühlen und Stimmungen. Und mit der ganzen Bandbreite auch sich widersprechender Bedürfnisse, Wünsche, Impulse, Hoffnungen und Sehnsüchte. Deshalb: Nehmen Sie Ihr Kind als Person rückhaltlos an. Darin zeigt sich Ihre Liebe. Aber lehnen sie unsoziales Verhalten ab. Setzen Sie dem Verhalten Grenzen. Sie können dem Verhalten ihres Kindes Grenzen setzen und gleichzeitig grenzenlos offen für die Bedürfnisse sein, die hinter dem Verhalten stehen. Es geht darum, eine bestimmte innere Haltung einzunehmen: „Deine innere Welt interessiert mich so, wie sie ist. Du interessierst mich mit all deinen Gedanken, Gefühlen und Bedürfnissen. Aber was dein Verhalten betrifft, da bin ich konsequent. Da lass ich dir nichts durchgehen. Bestimmte Verhaltensweisen werde ich nicht tolerieren. Für jede Regelverletzung zahlst du einen Preis."

Nehmen Sie Ihr Kind mit allen Gedanken, Gefühlen und Bedürfnissen an, aber nicht jedes Verhalten

Die Trennung von Person und Verhalten gilt auch für den Umgang mit sich selbst. Auch Sie können sich Ihr inneres Erleben nicht aussuchen. Auch Ihre Gedanken, Gefühle und Bedürfnisse haben eine Existenzberechtigung.

Sie können Ihr Kind nicht immer mögen. Vorübergehende Gefühle von Wut und Ablehnung sind normal. Aber auch Sie dürfen Ihre „innere Wahrheit" nicht beliebig ausdrücken. Sie dürfen sie weder mit Worten noch mit Taten, seelisch oder körperlich verletzen. Wenn Sie Kinder beleidigen, abwerten, demütigen oder respektlos behandeln, verhalten Sie sich bestrafend. Sie werden Ausrutscher nicht verhindern können. Niemand ist perfekt und muss es auch nicht sein. Wir alle machen Fehler und Kinder sind großzügig im Verzeihen. Aber wir können daran arbeiten und immer weniger Fehler machen.

Bei der Trennung von Person und Verhalten gibt es zwei Fallen, die es zu vermeiden gilt:

Die Ablehnungsfalle
Wenn Sie in die Ablehnungsfalle geraten, schließen Sie fälschlicherweise vom unsozialen Verhalten eines Kindes auf das Kind selbst. **Sie lehnen die Person ab, weil sie das Verhalten ablehnen.** Die Ablehnung der Person kann zwei Formen annehmen:

Erstens:
Weil Sie es unmöglich finden, wie sich Ihr Kind verhält, lehnen Sie es als Ganzes ab. Sie lehnen nicht nur einzelne Verhaltensweisen ab, sondern das ganze Kind. Wenn sich Ihr Kind schlecht verhält, ist es auch schlecht. Und in der Folge greifen Sie nicht nur einzelne Verhaltensweisen an, sondern die ganze Person. Sie verallgemeinern in unzulässiger Weise:

„Mein Gott, ich weiß gar nicht, was ich mit dir noch machen soll. Wie kann man nur so dumm sein? Schäm dich. Du bist unmöglich. Du bist aber auch zu gar nichts nütze. Du nervst total. Es ist schlimm mit dir. Du machst mich noch krank. Für dich muss man sich ja schämen. Sei doch nicht so faul, egoistisch, rücksichtslos und frech. Ich bin so enttäuscht von dir. Mit dir kann man aber auch gar nichts anfangen. Du bist das Letzte. Aus dir wird nie was. Du solltest dich schämen. Du bist ein hoffnungsloser Fall."

Häufig werden solche Sätze, wenn sie im Eifer des Gefechts gesagt werden, noch mit Schimpfwörtern wie „Trottel", „Idiot", „Depp" usw. „garniert". Wer derart schlecht gemacht wird, fühlt sich wie der letzte Dreck. Aus diesem Gefühl entsteht das Gegenteil von sozialem Verhalten.

Zweitens:
Sie greifen zwar nicht die ganze Person, aber das „Innere" der Person an. Sie lehnen einzelne Gedanken, Phantasien, Gefühle, Bedürfnisse, Impulse und innere Zustände ab. Sie greifen die „innere Wahrheit" des Kindes an und sprechen ihm das Existenzrecht seines inneren Erlebens ab.

„Da musst du doch nicht wütend werden. Sei doch nicht so eifersüchtig und neidisch. Das ist aber eine blöde Idee. Davor brauchst du doch keine Angst zu haben. Das kann einem doch keinen Spaß machen. Na komm, jetzt sei nicht so traurig. Jetzt freue dich halt. Da kann's einem doch nicht langweilig werden. Das kann doch nicht so unangenehm sein. Hör auf dich zu ekeln. Jetzt tu nicht so überrascht. Natürlich bist du müde – ich kenn dich doch! Was hast du denn da für komische Vorstellungen? Du würdest ihm am liebsten den Hals umdrehen? Wie kann man nur so schlimme Gedanken haben? Das ist ja nicht normal! Was hast du denn da für schlimme Phantasien? Wie kann man nur so schlimme Dinge tun wollen?"

Wenn das Kind weiterhin von Ihnen akzeptiert werden möchte, muss es nun die unliebsamen Gedanken, Gefühle und Bedürfnisse verstecken. Dann wird die Beziehung unehrlich, unecht, berechnend und im wahrsten Sinne des Wortes zurück-haltend. Sie finden keinen Zugang mehr zu Ihrem Kind. Sie kommen nicht mehr an Ihr Kind heran.

Wenn Sie erfolgreich Grenzen setzen wollen, müssen Sie manchmal aggressiv reagieren. Wenn sich Ihr Kind unsozial verhält, müssen Sie aufstehen, hinstehen, Farbe bekennen, Stellung beziehen und Klartext reden. Schluss mit lustig! Wenn sich Kinder daneben benehmen, müssen Sie im ursprünglichen Sinne des Wortes („aggredi", „zugehen auf") aggressiv werden, an die Kinder herangehen und etwas „in Angriff nehmen", nämlich die Ablehnung unsozialen Verhaltens. Aggressives Verhalten ist in Ordnung. Aber nur dann, wenn es sich gegen das Verhalten des Kindes richtet und nicht gegen die Person. Greifen Sie unsoziales Verhalten an, nicht das Kind. Ein Kind kann einzelne Verhaltensweisen ändern, aber nicht sein Erleben oder seine ganze Person.

Es macht einen Unterschied, ob Sie innerlich denken: „Mein Kind ist böse und schlecht und muss bestraft werden!" oder ob Sie denken: „Mein Kind hat sich nicht richtig verhalten und muss einen fairen Preis dafür zahlen." Es macht einen Unterschied, ob Sie wütend auf Ihr Kind sind und ihm einen Denkzettel verpassen wollen. Oder ob Sie ihm zeigen, dass sie seine Wut akzeptieren, aber nicht sein Verhalten. Es macht einen Unterschied, ob Sie aus einer persönlichen Kränkung heraus reagieren oder mit innerem Abstand. Die Konsequenz ist vielleicht dieselbe. Aber je nach innerer Haltung wird Ihr Kind sie völlig anders erleben: entweder als Ablehnung und Bestrafung oder als liebevolle Strenge.

Manchmal bietet es sich an, eine Konsequenz zu wählen, die Gleiches mit Gleichem beantwortet. Wenn Sie sich von Ihrem Kind wünschen, dass es das Zimmer aufräumt und es kommt diesem Wunsch nicht nach, kann es hilfreich sein, wenn Sie ihm seinen nächsten Wunsch auch nicht erfüllen. Auch dann kommt es auf die Trennung von Person und Verhalten an. Diese Konsequenz wird nur dann erfolgreich sein, wenn sie ohne Vorwurf erfolgt. Ihr Kind muss spüren können, dass Sie es dabei nicht ablehnen und dass die Konsequenz nicht einem persönlichen Rachebedürfnis entspringt. Sie wählen die Konsequenz nicht, weil Sie beleidigt und sauer auf das Kind sind, sondern weil Sie einen fairen Preis für sein Verhalten verlangen. Im anderen Fall wird es zu einem eskalierenden Machtkampf zwischen Ihnen und Ihrem Kind kommen, weil es nicht mehr um einen fairen Ausgleich geht, sondern darum, wer am Ende gewinnt.

Spätestens jetzt wissen Sie auch, warum man ein Kind bestraft, wenn man es schlägt. Wer ein Kind schlägt, geht in die Ablehnungsfalle. Man kann nicht das Verhalten schlagen. Man schlägt immer das Kind. Ein Kind fühlt sich durch Schläge immer als Person verletzt und gedemütigt. Man kann einem Kind liebevoll Grenzen setzen, aber man kann es nicht liebevoll schlagen. Wer sich selbst unsozial verhält, kann nicht erwarten, dass sich das Kind sozial verhält. Gewalt weckt Gewalt. Wie dieser Zusammenhang funktioniert, zeigt die Äußerung einer Realschülerin aus der 7. Klasse. Auf die Frage: „Was glaubst du, woher kommt Gewalt?" schrieb sie: „Schüler sind gewalttätig, weil sie sich dadurch stärker vorkommen. Sie werden vielleicht zu Hause verprügelt und misshandelt. In ihrem Herzen hassen sie alle und sie fühlen sich klein gegenüber den Eltern, und sie wollen sich nicht klein fühlen und deshalb fühlen sie sich stark, bei dem Gefühl, andere zu bedrohen und zu erpressen."

Die Verständnisfalle
Die Verständnisfalle ist die Umkehrung bzw. das Gegenteil der Ablehnungsfalle und genauso schädlich. Wenn Sie in die Verständnisfalle geraten, entschuldigen Sie unsoziales Verhalten, weil Sie das Kind mögen oder Verständnis für seine Gedanken, Gefühle und Bedürfnisse haben. **Sie akzeptieren das Verhalten, weil sie die Person akzeptieren.**

Auch die Verständnisfalle kann die zwei oben beschriebenen Formen annehmen:

Erstens:
Weil Sie Ihr Kind so sehr mögen, finden Sie seine unsozialen Verhaltensweisen gar nicht so schlimm. Weil es so süß und goldig und herzig ist, genießt es Narrenfreiheit. Einem solchen Wonneproppen nimmt man es nicht übel, wenn er mal über die Stränge schlägt. Das gehört halt dazu. Geflissentlich wird über ungebührliches Verhalten hinweggesehen. Unsoziales Verhalten wird geduldet. Aggressives Verhalten wird gelitten, weil man das Kind so gut leiden kann.

Oder man entschuldigt das unsoziale Verhalten, weil das Kind ein schweres Schicksal oder eine Krankheit oder etwas Schlimmes erlebt hat. Aus Mitleid mit dem Kind wird sein aggressives Verhalten verharmlost oder entschuldigt. Weil man dem Kind Verständnis entgegenbringt, bringt man auch seinem Verhalten Verständnis entgegen.

Damit zeigen wir Kindern und Jugendlichen, wie sie Verantwortung abgeben und ihr unsoziales Verhalten rechtfertigen können. Und das nächste Mal werden wir dann mit Rechtfertigungsstrategien und Schutzbehauptungen konfrontiert, die die Kinder von uns gelernt haben: „Wieso? Ich kann doch nichts dafür! Ich bin halt so! Das ist doch nicht so schlimm! Mir rutscht halt mal die Hand aus!"

Eine ganz besonders elegante Strategie besteht darin, von der Verantwortung für das eigene Verhalten abzulenken, indem man sich darüber beschwert, dass man als Person abgelehnt wird: „Ja, ja, immer bin ich's! Ständig hackst du auf mir rum!" Und wie sieht Ihre Gegenstrategie aus? Trennen Sie abermals zwischen Person und Verhalten: „Es geht hier nicht um deine Person, es geht um dein Verhalten. Ich werde in der Tat immer reagieren, wenn du dich so verhältst. Aber ich hacke nicht auf dir rum, sondern ich finde dein Verhalten nicht in Ordnung!"

Nur wenn wir Kindern und Jugendlichen etwas zutrauen, können sie wachsen und gewinnen an Stärke. Junge Menschen wollen ernst genommen werden. Dazu müssen wir ihnen die Konsequenzen ihres Verhaltens zumuten. Auch Kinder aus schwierigen Verhältnissen müssen Regeln akzeptieren. Unsoziales Verhalten darf nicht übersehen, verharmlost, entschuldigt und geduldet werden, auch wenn man noch so viel Verständnis für das Kind hat.

Zweitens:

Nehmen wir einmal an, Ihr Kind hat ein anderes Kind geschlagen. Was gehört dann zu ihren Standardfragen? Die meisten Eltern fragen irgendwann: „Warum hast du das gemacht?" Wir wollen die Gründe für ein Verhalten erfahren, damit wir es besser verstehen können. Und das ist auch in Ordnung so. Dabei besteht jedoch die Gefahr, dass aus dem Verständnis für die Motive und Ursachen der Tat Verständnis für die Tat selbst wird. Weil wir die berechtigte Wut sehen, gestehen wir auch dem aggressiven Verhalten seine Berechtigung zu. Damit wird die Tat entschuldigt: „Also, dass du da schrecklich wütend warst, kann ich gut verstehen. Da kann einem schon mal die Hand ausrutschen. Eigentlich wolltest du ihn ja gar nicht verletzen. Du bist halt erschrocken. Im Grunde genommen hast du dich ja nur gewehrt!"

Auch damit geben wir Kindern wunderbare Vorlagen für Rechtfertigungsstrategien: „Ich hab doch gar nichts gemacht." „Es war doch keine Absicht." „Ich hab doch nur Spaß gemacht." „Ich bin halt wütend gewesen."

Derartige Rechtfertigungsstrategien unmittelbar in Zweifel zu ziehen, ist meist wenig effektiv. Sätze wie:

„Das glaube ich dir nicht." „Das war bestimmt Absicht."
„Du hast doch genau gewusst ..." „Das macht doch keinen
Spaß.", bringen nichts. Das Kind kann auf seiner Meinung
beharren und wir können nicht das Gegenteil beweisen.
Die Kinder erleben ihr Verhalten vielleicht wirklich so,
wie sie sagen. Wenn wir ihre Rechtfertigungsstrategien ablehnen würden, würden wir unter Umständen ihr inneres
Erleben und damit ihre Person in Frage stellen. Hilfreicher
ist es erfahrungsgemäß, etwa folgendermaßen vorzugehen:
„Obwohl du nichts gemacht hast, ist ein Schaden entstanden. Obwohl es keine Absicht war, ist etwas passiert. Obwohl du nur Spaß gemacht hast, hast du gegen eine Regel
verstoßen. Aus Wut hast du jemand verletzt. Das machst
du wieder gut." Seien Sie liebevoll gegenüber der Person,
aber konsequent gegenüber dem Verhalten. **Zeigen Sie Verständnis für Gedanken, Gefühle und Bedürfnisse, aber
nicht für unsoziales Verhalten.**

Ein weiteres Beispiel: Gesetzt den Fall, Sie hätten eine
Familienregel, nach der alle Familienmitglieder beim Eintreten in die Wohnung die Schuhe auszuziehen und ins
Schuhregal stellen. Max ist heute aber gar nicht nach dieser Regel zumute, denn er hat gerade bei einem wichtigen
Fußballspiel verloren. Sie verstehen, dass er traurig, wütend und enttäuscht ist und haben deshalb auch Verständnis dafür, dass er seine schmutzigen Schuhe wütend von
sich schleudert, sodass sie auf dem schönen Perserteppich
landen. Normalerweise würden Sie reagieren. Aber um
Max nicht noch mehr Ärger zu bereiten, nehmen Sie die
Schuhe, stellen sie ins Regal und saugen „schnell" den
Teppich. Trennung Person – Verhalten heißt in diesem
Fall, dass Sie hingehen, Max trösten und ihm volles Verständnis für seine Gefühle entgegenbringen. Und dann sagen Sie ganz sachlich und ohne zu schimpfen: „So, und
jetzt bürstest du bitte deine Schuhe ab und stellst sie ins
Regal. Und weil der Teppich jetzt schmutzig ist, weil du

dich nicht an unsere Familienregel gehalten hast, nimmst du den Staubsauger und saugst den Dreck auf."

2) Machen Sie den ersten Schritt zur Versöhnung

Machen Sie sich bitte keine Illusionen. Wenn Max den Teppich saugt, wird er Sie dafür nicht lieben. Er wird dabei nicht denken: „Wow, hab ich ne tolle Mama. Die ist so angenehm konsequent. Das find ich echt super." Nein, er wird den Raum verlassen und vielleicht denken: „Die blöde Kuh, der zahl ich's heim. Das kriegt sie zurück. Die wird sich noch wundern!" Und es ist sein gutes Recht, in diesem Moment wütend auf Sie zu sein.

Beziehungen basieren auf dem Prinzip des Ausgleichs zwischen Geben und Nehmen. Wenn wir von Kindern und Jugendlichen einen schmerzhaften Preis für ihr unsoziales Verhalten verlangen – und ohne emotional erlebte Konsequenzen gibt es keine Verhaltensänderung –, tun wir ihnen damit weh! Es ist wichtig, dass wir uns nichts vormachen und uns nicht hinter einer Fassade von „Es ist ja nur zu deinem Besten!" verstecken. Wenn Max nicht jenseits von Gut und Böse ist, hat er keine andere Wahl, als Ihnen in diesem Moment gram zu sein und in Rachephantasien zu schwelgen, die sein Gefühl der Kränkung und der Ohnmacht besänftigen. Um die Beziehung wieder auszugleichen, muss er uns das Erlittene zurückzahlen. Es sei denn, Sie beginnen wieder mit dem Geben und machen einen Versöhnungsschritt. Hilfreich ist dabei folgende innere Haltung: „Im Interesse von Gerechtigkeit und Fairness muss ich für unsoziales Verhalten leider einen Preis von meinem Kind verlangen. Das ist mein Job. Aus Liebe mache ich einen Versöhnungsschritt und beginne wieder mit dem Geben. Ich bin nicht nachtragend. Für mich ist die Sache dann erledigt!" So können Sie beides sein: konsequent und liebevoll.

Wenn wir auf die Kinder zugehen, können sie sich ihrerseits wieder entgegenkommend verhalten. Wenn wir wieder mit dem Geben beginnen, können sie uns das gewünschte Verhalten zurückgeben. Wer auf die Versöhnungsgeste verzichtet, riskiert eine zunehmende innere Verhärtung, die bis zum Hass gehen kann. Wenn die Versöhnungsgeste fehlt, haben Kinder zwei Möglichkeiten:

1. Sie können versuchen, das Erlittene zurückzuzahlen. Nach dem Motto „Jetzt erst recht!", verhalten sie sich noch aggressiver als zuvor. Sie verschanzen sich hinter ihrem Trotz und machen uns das Leben schwer. Sie gehorchen noch weniger und am Ende sind wir mit unserem Latein am Ende: „Ich kann machen was ich will, er hört einfach nicht!"
2. Wenn Kinder das Erlittene nicht ausgleichen können oder wollen, brechen sie die Beziehung ab. Sie ziehen sich zurück und verschließen sich. Wir verlieren damit jeglichen Zugang zu ihnen. Das Gefühl: „Ich komm einfach nicht mehr an sie ran!", das manche Eltern plagt, ist häufig das Ergebnis eines bestrafenden Erziehungsstils, bei dem nicht sorgfältig zwischen Person und Verhalten getrennt wird, Versöhnungsangebote fehlen und prosozialem Verhalten wenig Aufmerksamkeit und Anerkennung geschenkt wird.

Was sind Schritte der Versöhnung?

Schenken Sie dem Kind einen *kleinen* Teil der unangenehmen Konsequenz. Wenn Max fast mit dem Staubsaugen fertig ist, übernehmen Sie den Rest. Ein Vater erzählte mir einmal, dass sein Sohn den Abwasch machen muss, wenn er sich unsozial verhalten hat. Am Ende würde er sich dazugesellen und ihm beim Abtrocknen helfen.

In der Regel reichen kleine Gesten. Meist genügt eine Umarmung. Ein Blick. Ein Lächeln. Ein „Spaßkämpf-

chen". Ein kleiner Scherz. Schenken Sie Zeit, Aufmerksamkeit und Zuwendung. Nehmen Sie den Gesprächsfa-
den wieder auf. Aber verzichten Sie auf moralinsaure Vor-
träge und Einsichtsforderungen. Machen Sie einen
deutlichen Strich unter „die Sache".

3) Geben Sie Rückmeldungen über positive Veränderungen

Früher hat Max jeden Tag seine dreckigen Schuhe in die
Ecke gefeuert. Seit es die Familienregel gibt, nach der alle
Familienmitglieder beim Eintreten in die Wohnung die
Schuhe ausziehen und ins Schuhregal stellen, hat sich sein
Verhalten gebessert. Den Teppich saugen macht einfach
keinen Spaß. Verstöße gegen die Regel kommen allerdings
immer noch vor. Angesichts dessen haben Sie zwei Möglichkeiten. Sie können den Fokus darauf richten, dass Max
immer noch nicht gelernt hat, sich an die Regel zu halten.
Dann reagieren Sie innerlich vielleicht mit Ärger. Sie lassen
Max Ihre Unzufriedenheit spüren und beginnen zu schimpfen: „Wann lernst du endlich mal, deine Schuhe ins Regal
zu stellen? Du kannst es ja immer noch nicht. Wann be-
greifst du endlich mal, dass die Schuhe ins Regal gehören!"
In diesem Fall fühlt sich Max abgelehnt. Seine Fortschritte
werden überhaupt nicht gesehen. Immer wird nur an ihm
herumgemeckert. So vergeht ihm die Lust an der Regel und
am nächsten Tag pfeffert er die Schuhe extra laut auf den
Teppich: „Mir doch egal, wenn ich staubsaugen muss!"
 Sie können sich aber auch über die positive Entwicklung freuen. Sie freuen sich sogar ganz besonders, weil Sie
sehen können, wie schwer es Max fällt, sich an die Regel
zu halten und wie sehr er sich anstrengt, Fortschritte zu
machen. Und Sie können diese Freude mit Max teilen. Die
Freude wird noch größer, wenn Sie sehen, wie Max sich

über Ihre Anerkennung freut. Jetzt legt er sich erst richtig ins Zeug. Jetzt strengt er sich doppelt an.

Bei einem nicht bestrafenden Erziehungsstil steht immer die positive Veränderung im Vordergrund. Lassen Sie positive Veränderungen nicht unkommentiert. Kinder sind genauso wenig perfekt wie wir. Schwierige Verhaltensweisen brauchen ihre Zeit. Jedem Kind fällt irgendetwas schwer – auch wenn es Ihnen selbst leicht fallen würde und Sie gar nicht verstehen können, was daran so schwierig sein soll. Sie sind nicht Ihr Kind. Wichtig ist, dass Kinder ihr Bestes geben, auf dem Weg bleiben und das Ziel nicht aus den Augen verlieren.

4) Schenken Sie sozialem Verhalten Aufmerksamkeit und Anerkennung

Unsoziales Verhalten muss Konsequenzen haben. Wenn Kinder und Jugendliche die Rechte anderer verletzen und gegen Regeln verstoßen, müssen sie einen Preis dafür bezahlen und ihre Taten wieder gutmachen. Dies ist jedoch nur eine Seite der Medaille. **Wer einen Unterschied zur Bestrafung machen möchte, muss Kindern eine Alternative zu negativen Konsequenzen anbieten.** Die Alternative heißt: positive Konsequenzen. Positives Verhalten muss positive Konsequenzen haben. Wenn Kinder sich an Regeln halten und gehorchen, brauchen sie unsere Aufmerksamkeit, Anerkennung und Bestätigung.

> Positives Verhalten muss positive Konsequenzen haben

Wenn Kinder sich zu viele **Freiheiten** nehmen und im **Spaß** über die Stränge schlagen, brauchen sie **Sicherheit** und Orientierung in Form von Grenzen. Ihr negatives Verhalten sollte negative Konsequenzen haben. Wenn sie **Erfolg** haben und es schaffen, sich selbst zu begrenzen und sich an Regeln zu halten, brauchen sie positive Konsequenzen in Form von Anerkennung und Bestätigung. Über unsere **Liebe** brauchen sie sich keine Sorgen zu machen. Die ist nicht von ihrem Verhalten abhängig – wenn wir zwischen Person und Verhalten trennen können. Unsere Liebe ist den Kindern sicher. Doch bei den Konsequenzen ihres Verhaltens haben sie die Wahl. Sie können sich für positives Verhalten entscheiden und die positiven Konsequenzen dieser Wahl genießen. Sie können sich aber auch für negatives Verhalten entscheiden und müssen dann eben mit den negativen Konsequenzen dieser Entscheidung leben. Diese Wahlmöglichkeit haben sie jedoch nur dann, wenn wir ihnen die Wahl geben und nicht nur negatives Verhalten mit negativen, sondern auch positives Verhalten mit positiven Konsequenzen beantworten. Wer Kindern keine Wahl lässt, kann ihnen nur eine Form der Aufmerksamkeit anbieten – die negative. Und das ist Bestrafung.

So schließt sich der Kreis wieder einmal. Wieder sind alle fünf Grundbedürfnisse versammelt: Weil wir Kindern keine grenzenlosen **Freiheiten** und keinen grenzenlosen **Spaß** erlauben dürfen, geben wir ihnen sichere **Grenzen**, unsere bedingungslose **Liebe** sowie **Bestätigung** und Anerkennung für soziales Verhalten.

Die Aufmerksamkeitsfalle

Dieses wichtige Merkmal eines nicht bestrafenden Erziehungsstils – die Anerkennung prosozialen Verhaltens – ist nicht so einfach. Auch hier lauert wieder eine tückische Erziehungsfalle: die Aufmerksamkeitsfalle.

Ein Beispiel:
Es ist immer das Gleiche. Sie wollen in Ruhe das Abendessen genießen und sich gepflegt mit Ihrem Mann unterhalten. Aber Sie kommen nicht dazu. Immer wieder müssen Sie und Ihr Mann die Unterhaltung unterbrechen und sich

Julia zuwenden, weil diese ihren kleinen Bruder ärgert. Aber heute Abend ist alles anders. Denn gestern musste Julia deswegen den Tisch verlassen. Das hat gewirkt. Sie sitzt am Tisch und lässt den kleinen Bruder in Ruhe. Endlich. Die erhoffte Ruhe ist da. Sie genießen das Gespräch mit Ihrem Mann. In der angeregten Unterhaltung sehen weder Sie noch Ihr Mann, wie sich Julias Miene verfinstert. Sie hatte sich so auf ihr Lob gefreut. Sie hatte sich ausgemalt, wie stolz Sie auf ihre Leistung sein werden. Und jetzt das. Niemand kümmert sich um sie. Nur der kleine Bruder. Der versucht sie zu provozieren, weil er es gewohnt ist, dass sie ihn ärgert. Und weil er es heimlich genießt, wenn mit ihr geschimpft wird. Aber niemand sieht, wie schwer es ihr fällt, auf diese Provokationen nicht zu reagieren. Sie ist sauer: „Aha, so funktioniert das also. Mama und Papa verbringen also nur dann Zeit mit mir, wenn ich *nicht* tue, was sie sagen. Die schenken mir nur dann ihre Aufmerksamkeit, wenn ich mich aggressiv verhalte. Die beachten mich nur, wenn ich mich daneben benehme. Die wenden sich mir nur dann zu, wenn ich Krach mache. Wenn ich mache, was sie sagen, kümmern die sich überhaupt nicht um mich. Also darf ich auf keinen Fall machen, was sie sagen!" Am nächsten Abend ist alles wie immer: Geschrei, Geschimpfe, Ärger.

Wenn Kinder nicht durch aggressives und unsoziales Verhalten unsere Aufmerksamkeit in Anspruch nehmen, wird dies häufig als verdiente Pause im anstrengenden Erziehungsalltag betrachtet. Als eine Zeit, in der wir uns endlich einmal um uns selbst kümmern können. Die Ruhe ist das Ziel. Und wenn ein Ziel erreicht ist, ist die Arbeit getan. Dann können wir uns endlich ausruhen. Dann gibt es nichts mehr zu tun. **Die guten Momente werden als selbstverständlich betrachtet.** Ein fataler Irrtum, der zu destruktivem Verhalten auf Seiten der Kinder führen und die Familienbeziehungen schwer belasten kann.

Kinder brauchen die Aufmerksamkeit und Zuwendung der Eltern und werden nicht eher ruhen, bis sie satt davon sind. Die Frage, die sich jedes Kind stellt, lautet: „Was muss ich tun, damit meine Eltern sich mir zuwenden und mir Zeit und Aufmerksamkeit schenken?" Wenn Geschwister vorhanden sind, schließt sich die Frage an: „Was muss ich tun, um mindestens genauso viel oder mehr als die anderen zu bekommen?"

Am schnellsten wird das erwünschte Verhalten erreicht, wenn es von den Eltern wahrgenommen und bestätigt wird. Dann sind negative Konsequenzen nur so lange notwendig, bis die Kinder wissen, was sie tun müssen, um Anerkennung und positive Aufmerksamkeit zu bekommen. **Wenn positives Verhalten nicht mit Zuwendung beantwortet wird, bleibt Kindern und Jugendlichen nichts anderes übrig, als die Zuwendung mit aggressivem Verhalten zu erzwingen.** Es beginnt eine paradoxe Argumentation: „Ich weiß, dass mich meine Eltern immer mehr ablehnen, aber wenigstens bin ich ihnen nicht egal!" Und wenn auch das nicht funktioniert? Dann gibt es noch die Möglichkeit, die Aggression gegen sich selbst zu richten oder aufzugeben und beispielsweise mit Hilfe von Tagträumen, Computerspielen, Drogen oder Ideologien in eine „bessere Welt" zu flüchten.

Da negative Aufmerksamkeit nicht den Nährstoff Liebe enthält, den die Kinder eigentlich bräuchten, um satt zu werden, bleiben sie hungrig. Im verzweifelten Versuch, dennoch satt zu werden, fordern sie immer mehr negative Aufmerksamkeit ein und verhalten sich immer aggressiver und unsozialer. So bleibt noch weniger Zeit für positive Aufmerksamkeit. Ein Teufelskreis entsteht.

> Am schnellsten wird das erwünschte Verhalten erreicht, wenn es von den Eltern wahrgenommen und bestätigt wird

Manche Eltern tun sich schwer mit positiver Aufmerksamkeit und Anerkennung. Im Folgenden die häufigsten Gegenargumente:

„Das ist doch normal!"

„Zur verabredeten Zeit nach Hause zu kommen, die Schuhe ins Regal stellen, Zimmer aufräumen, Fernseher ausschalten, Tischmanieren, andere ausreden lassen und Hausaufgaben machen ist doch völlig selbstverständlich! Ich sehe überhaupt nicht ein, warum ich jetzt auch noch völlig normales Verhalten belohnen soll?"

Das, was wir uns von den Kindern wünschen, betrachten wir als normal. Und um etwas Normales muss man sich doch nicht weiter kümmern. Aber ist es das auch? Es ist nicht nur normal, sondern sogar wichtig, dass wir dieses Verhalten von den Kindern verlangen. Sie werden es brauchen, um als Erwachsene erfolgreich leben zu können. Aber es ist kein normales Verhalten. Normal ist, was Kinder machen würden, wenn wir sie ließen: durcheinanderreden, rumtoben, rumschreien, Sachen rumliegen lassen, mit den Händen essen, laut rülpsen, sich gegenseitig ärgern, kommen und gehen, wann man Lust hat und tun, wozu man Lust hat.

Viele der Verhaltensweisen, die wir von Kindern verlangen, sind unnormal. Deshalb brauchen manche Kinder auch so lange, bis sie diese Verhaltensweisen beherrschen. **Um „normal" zu sein, müssen Kinder schwere Opfer bringen.** Sie verlieren einen Teil ihrer kindlichen Unbekümmertheit. Sie opfern ein Stück ihrer Spontaneität und des ungehemmten Ausdrucks von Lebensfreude. Sich kultiviert und zivilisiert zu verhalten ist die Grundlage des Lebens in Gemeinschaft mit anderen. Kindern unsere Hochachtung und Anerkennung auszudrücken, wenn sie diese schwere Aufgabe erfolgreich meistern, ist das Mindeste, was sie an dieser Stelle verdient haben.

„Nicht geschimpft ist genug gelobt!"

Manche Eltern wurden als Kind selbst nur wenig gelobt und geben dieses Verhalten bewusst oder unbewusst an die eigenen Kinder weiter: „Das Leben ist kein Zuckerschlecken." „Das Leben ist hart und ungerecht." „Jeder muss seine Pflicht tun." „Du weißt ja gar nicht wie gut du's hast." „Mir wurde auch nichts geschenkt." Nach dem Motto „Nicht geschimpft ist genug gelobt!" müssen Kinder schon damit zufrieden sein, wenn sie keinen Ärger bekommen.

Wenn es uns schwer fällt, Kindern Anerkennung zu schenken, liegt das manchmal am Ärger darüber, dass wir Kindern etwas geben sollen, was wir selbst nie bekommen haben. Wenn wir Kinder loben, werden wir schmerzlich an die eigene Vergangenheit erinnert und an das, was wir damals vermisst haben. Diese Erinnerung muss nicht unbedingt bewusst sein. Manchmal haben wir beim Loben einfach ein ungutes Gefühl oder bekommen das Lob nicht über die Lippen.

„Ich bekomm doch auch keine Anerkennung, wenn ich die Wohnung putze!"

Auch wir bekommen oft nicht die Anerkennung, die wir eigentlich verdient hätten. Weil wir zu Recht gekränkt, enttäuscht und verletzt darüber sind, sind wir auch nicht bereit, etwas zu geben. Wie schön wäre es, wenn andere sehen und anerkennen würden, wie wir uns jeden Tag abrackern und schuften und kochen und putzen und machen und tun. Diese Anerkennung wird dann offen oder stillschweigend auch von den Kindern erwartet. Bleibt sie aus, finden wir es ungerecht, dass wir etwas ohne Gegenleistung geben sollen. Die Kinder nehmen alles als selbstverständlich hin und wir sollen sie loben. Das ist ungerecht. Ja, es ist ungerecht! Und wir werden für die Anerkennung,

146

die wir schenken, trotzdem belohnt – mit Erziehungserfolg und verträglichen Kindern, die die Anerkennung, die sie von uns erhalten haben, an ihre eigenen Kinder weitergeben können. Wenn wir erfolgreich erziehen wollen, müssen wir manchmal über uns selbst hinausdenken.

„Da zerstöre ich doch jede Eigenmotivation!"

Manchmal haben Eltern Angst, dass Ihre Kinder ein bestimmtes Verhalten nur noch deshalb zeigen, weil sie dafür belohnt werden und nicht mehr, weil sie es gerne tun. Diese Befürchtung verkennt die Tatsache, dass wir von Kindern nur dann ein bestimmtes Verhalten einfordern müssen, wenn sie es *nicht* von alleine zeigen. **Wo keine Eigenmotivation ist, kann auch keine zerstört werden.** Wann immer Sie eine Regel benötigen oder ein bestimmtes Verhalten von den Kindern einfordern müssen, kann es sich unmöglich um eigenmotiviertes Verhalten handeln. Das, was Kinder von sich aus gerne tun, müssen wir nicht von ihnen einfordern. Oder mussten Sie schon einmal die Regel aufstellen: „Nachdem ich Hausaufgaben gemacht habe, gehe ich spielen?" Ohne Regel benötigen Sie dann allerdings auch keine positiven Konsequenzen für die Regeleinhaltung. Für das, was Kinder von sich aus gerne tun, brauchen sie keine Belohnung.

Hinter dem Argument mit der Eigenmotivation steckt manchmal auch die Einsichtsfalle (vgl. Seite 126): Wir sind gekränkt und enttäuscht darüber, dass für richtiges Benehmen überhaupt Anerkennung notwendig ist und die Kinder sich nicht aus eigener Einsicht heraus so verhalten, wie es gut wäre. Wir wollen nicht wahrhaben, dass Kinder das, was das Beste für sie ist, nicht aus freien Stücken tun. Aber hier gilt dasselbe wie für die Einsicht: **Wenn Kinder etwas nicht gerne tun, können wir sie nicht dazu zwingen, es gerne zu tun.**

„Kinder darf man nicht verwöhnen!"

Kinder zu verwöhnen, ist in der Tat schlecht. Anerkennung darf jedoch nicht mit Verwöhnung verwechselt werden. **Anerkennen ist nicht verwöhnen.** Verwöhnt werden Kinder, wenn ihnen jede Anstrengung abgenommen wird. Wenn sie alles sofort bekommen, was sie sich wünschen. Wenn sie alles bestimmen dürfen und tun und lassen können, was sie wollen. Wenn versucht wird, jede Frustration und Enttäuschung von ihnen fern zu halten.

Wenn Kinder sich jedoch anstrengen, ihre Bedürfnisse aufschieben und Frustrationen, schwierige Gefühle und Impulse kontrollieren, um sich sozial zu verhalten, haben sie sich Anerkennung verdient. Sie haben Opfer gebracht und hart dafür gearbeitet. Sie werden nicht verwöhnt, sondern ihre erfolgreiche Leistung wird anerkannt und bestätigt.

Anerkennung und Bestätigung sollten nicht mit materieller Belohnung gleichgesetzt werden. Viel wertvoller für Kinder sind Liebes- und Zeitgeschenke. Etwas gemeinsam spielen oder unternehmen, Zeit miteinander verbringen und sich ganz dem Kind widmen und offen und anteilnehmend für es da sein, sind wertvolle Geschenke.

„Kinder darf man nicht zu viel loben!"

Auch beim Loben ist es wichtig, zwischen Person und Verhalten zu trennen. Das Kind als Ganzes braucht kein Lob. Leben ist ein Geschenk und keine Leistung. Auch Gedanken, Gefühle und Bedürfnisse sind keine Leistungen und müssen deswegen auch nicht gelobt werden. Wer Kinder als Ganzes „über den grünen Klee" lobt, sie ständig in den Himmel hebt und ihnen das Gefühl gibt, sie seien die „Größten", muss sich nicht wundern, wenn sie größenwahnsinnig werden und ihren Eltern über den Kopf wachsen. Wer Kindern ständig sagt, wie toll sie sind, schadet ihnen. Niemand ist nur toll. Jeder hat Stärken und Schwächen.

Aber Kinder können tolle Leistungen bringen. Und dafür sollten sie gelobt werden. Wichtig ist dabei, dass sich das Lob auf konkretes Verhalten bezieht. **Wenn sich Lob auf gelungenes Verhalten bezieht, schadet es nicht, sondern dient dem Kind als Ansporn und Ermutigung.**

Wenn Kindern mit zunehmender Übung schwierige Verhaltensweisen leichter fallen, brauchen sie keine Anerkennung mehr. Wenn Kinder etwas „im Schlaf" beherrschen, ist es keine besondere Leistung mehr und muss auch nicht mehr gelobt werden. Ständig Verhaltensweisen zu loben, die das Kind „mit links" macht, wäre dann tatsächlich zu viel des Guten: Es dürfte die Aufrichtigkeit Ihres Lobs zu Recht in Zweifel ziehen.

Lob sollte sich auf konkretes Verhalten beziehen

„Dafür hab ich keine Zeit!"

Kinder tun alles, um beachtet zu werden und die Aufmerksamkeit der Eltern auf sich zu ziehen. Die Frage ist nicht, ob wir ihnen unsere Aufmerksamkeit schenken, sondern wofür. Wenn Kinder keine Beachtung finden, wenn sie sich „normal" verhalten, werden sie mit aggressivem Verhalten auf sich aufmerksam machen. **Wer sich nicht die Zeit nimmt, das positive Verhalten der Kinder zu beachten, wird bald viel Zeit damit verbringen, sich über ihr negatives Verhalten zu ärgern.** Was ist für Eltern und Kinder angenehmer? Positive oder negative Aufmerksamkeit? Kinder nehmen sich die Zeit von uns, die sie brauchen. Kinder „kosten" Zeit – so oder so. Sie können nicht wählen, ob Sie Ihren Kindern Aufmerksamkeit schenken. Sie können nur wählen, wofür.

„Ich möchte Kinder nicht dressieren!"

Mit positiven und negativen Konsequenzen für gutes und schlechtes Verhalten können sich manche Eltern nur schwer anfreunden. Für manche fühlt sich das an, als würden sie die Kinder mit Leckereien ködern oder mit irgendwelchen Tricks in die Falle locken: „Kinder mit Zuckerbrot und Peitsche abrichten? Das ist ja schlimm! So will ich nicht erziehen!" Wer, ohne lange zu diskutieren, bestimmte Verhaltensweisen von Kindern einfordert und bei Regeleinhaltung und Regelverstoß konsequent mit positiven und negativen Konsequenzen reagiert, stellt sich manchmal vielleicht die Frage, ob er nicht unmenschlich erzieht und Kinder wie Tiere konditioniert, dressiert und manipuliert. Vielleicht werden Kinder durch diesen Erziehungsstil ja, ohne dass sie es merken und ohne ihr Einverständnis, zu braven und angepassten Duckmäusern gemacht?

Auch hier lauert wieder die Einsichtsfalle (vgl. Seite 126). Das Verhalten der Kinder mit positiven und negativen Konsequenzen zu steuern, widerstrebt manchen, weil sie es nicht mit ihrem Selbstbild vereinbaren können. Sie möchten, dass sich Kinder nicht aufgrund von positiven und negativen Konsequenzen verhalten, sondern aus Überzeugung. Sie möchten nicht mit Vorschriften erziehen, sondern mit Argumenten. Sie hätten gerne, dass sich die Kinder aus freien Stücken für die Pflicht entscheiden – weil sie vernünftig sind und eingesehen haben, dass es gut ist, sich so zu verhalten, wie es „richtig" ist. Sie würden gerne freie Kinder, frei von Zwang, zur Freiheit erziehen. Sie möchten Bewusstseinsprozesse anregen und sich nicht mit den Niederungen der menschlichen Natur auseinandersetzen. Nur leider sind Kinder auch nur Menschen. Oder wer von Ihnen nimmt schon gerne den Staubsauger in die Hand? Manche halten aber lieber an diesen Illusionen fest, als die Kränkung zu ertragen, die damit verbunden ist, diese idealistische Sicht auf die Kinder und das Leben aufzugeben. Wer an diesen Täuschungen festhält, läuft Gefahr, von Kindern enttäuscht zu werden und sich irgendwann resigniert von ihnen abzuwenden. Wer nicht bereit ist, unrealistische Ideale fallen zu lassen, muss die Kinder fallen lassen, die nicht den Idealen entsprechen.

Die Steuerung eines bestimmten Verhaltens durch bestimmte Reaktionen darauf ist nichts Besonderes. Sie ist alltäglich, normal und überlebenswichtig. Genauso wie wir Erwachsenen verbinden Kinder ununterbrochen Sinneseindrücke, Gefühle und Verhalten miteinander. Selbst wenn wir wollten, sind bestimmte automatische, ein Stück weit „konditionierte" Verhaltensweisen nicht zu verhindern, denn alles, was zur selben Zeit geschieht, speichert unser Gehirn automatisch als zusammengehörig ab. Und das ist auch gut so. Denn dieser Mechanismus erlaubt uns eine Vielzahl von wiederkehrenden Verhaltensweisen, ohne dass wir ständig darüber nachdenken und uns bewusst dafür entscheiden müssen. Wie beschwerlich wäre das Autofahren, wenn wir immer noch, wie in den ersten Fahrstunden, darüber nachdenken müssten, was wir zu tun haben, wenn die Ampel auf Grün springt. Bei Grün treten wir nicht nur automatisch aufs Gaspedal, sondern wir tun es auch gerne, weil es ein gutes Gefühl ist, freie Fahrt zu haben.

Genauso wie Ampeln den Straßenverkehr, steuern Regeln, Rituale und Umgangsformen den sozialen Verkehr. Auch hier sollen Kinder gute Gefühle haben, wenn sie „Gas geben" und etwas leisten. Da aber vieles von dem, was wir von Kindern verlangen müssen, nicht automatisch mit guten Gefühlen gekoppelt ist (kein Kind rennt freudestrahlend zum Ausschaltknopf des Fernsehers), sorgen wir über Anerkennung und Bestätigung dafür, dass diese guten Gefühle entstehen. **Die Frage ist nicht, ob die Steuerung des Verhaltens der Kinder durch Regeln und ihre dazuge-**

hörigen Konsequenzen gut ist. Die Frage ist, ob das Verhalten, das über Regeln und Rituale eingeübt wird, gut ist und Sinn macht.

Manchmal handeln Eltern ihren Kindern gegenüber nicht konsequent, weil sie sich ein Stück weit auch wünschen, dass Kinder rebellisch sind, anecken und nicht zu allem ja und amen sagen. Auf der anderen Seite leiden sie selbst oder andere unter der Aggressivität dieser Kinder. Auch hier muss zwischen Person und Verhalten getrennt werden. **Wenn wir höfliche Umgangsformen, soziales Verhalten und Gehorsam von Kindern verlangen, heißt das nicht, dass wir sie zu stromlinienförmigen Ja-Sagern erziehen.** Kinder, die sich angemessen verhalten, müssen nicht angepasst denken und fühlen. Kinder dürfen gegen unsere Regeln protestieren – aber sie dürfen diesen Protest nicht beliebig ausdrücken. Kritik ist erlaubt – aber nicht jede *Form* der Kritik. Das ist der Unterschied zum Kadavergehorsam. Auch unangepasste Kinder haben kein Recht, andere zu verletzen und müssen rechtzeitig ins Bett.

Auch die Angst, Kinder mit positiven und negativen Konsequenzen zu manipulieren, ist unbegründet. **Manipulieren würden wir Kinder, wenn wir mit dem, was wir ihnen sagen und wie wir uns verhalten, Ziele verfolgen, die wir ihnen gegenüber nicht aussprechen.** Wer konsequent erzieht, sagt den Kindern klipp und klar, was er von ihnen erwartet und was geschieht, wenn sie eine Verhaltensanweisung befolgen oder nicht befolgen. Nichts daran ist heimlich oder versteckt. Hinzu kommt, dass Kinder im Unterschied zu Tieren einen freien Willen haben. Kinder sind in der Lage sich über Regeln hinwegsetzen, unabhängig davon, wie sehr die Regeleinhaltung belohnt wird. **Kinder haben Entscheidungsfreiheiten, die Tiere nicht haben.**

Worauf müssen wir achten, wenn wir Kinder belohnen?
Viele glauben, dass es die Belohnung selbst ist, die Kinder
dazu antreibt Dinge zu tun, die ihnen eigentlich keinen
Spaß machen. Dies ist ein Irrtum. **Die Vorfreude auf eine
Belohnung darf nicht mit der Belohnung selbst verwechselt werden.** Das Gehirn arbeitet mit zwei unterschiedlichen Systemen, die wir in der Erziehung nicht verwechseln sollten: Es arbeitet mit einem Erwartungs- und einem
Belohnungssystem. **Was Kinder tatsächlich antreibt, ist
nicht die Belohnung, sondern die Erwartung einer Belohnung.** Wenn Kinder lernen müssen, sich an Regeln zu halten oder Dinge tun müssen, die sie freiwillig nie machen
würden, können wir sie motivieren, indem wir ihnen etwas in Aussicht stellen, das sie freut. Es ist diese Vorfreude, die Kinder antreibt. Die Belohnung selbst ist dann
nur die Erfüllung dieser freudigen Erwartung.

Vorfreude ist die schönste Freude.
Was der Volksmund schon lange weiß, hat auch im Lichte
der Hirnforschung Bestand. Wann immer wir etwas Ange-
nehmes erwarten, wird im Erwartungssystem des Gehirns
unter anderem der Botenstoff Dopamin ausgeschüttet (vgl.
Seite 51). Dieser setzt eine ganze Reihe von Körperfunk-
tionen in Gang, die alle dem Ziel dienen, dass der Orga-
nismus die versprochene Belohnung auch bekommt. Es
gibt Gehirnforscher, die die Wirkung von Dopamin mit der
Wirkung von Kokain vergleichen: Dopamin ist eine Art
körpereigene „Droge".

Was geschieht, wenn die Vorfreude fehlt und kein Dopa-
min ausgeschüttet wird, zeigt folgendes Beispiel:
   Es ist Sonntag. Die Sonne scheint. Sie wollen Ihren
Kindern etwas Gutes tun und denken dabei an frische
Luft und Bewegung. Gemeinsam die Natur genießen –
welch eine Freude. Voller Begeisterung verkündigen Sie

die frohe Botschaft: „Kinder, wir machen heute eine schöne Wanderung!" Gerade noch haben Ihre Kinder vergnügt gespielt. Doch nun ist ihre gute Laune dahin: „Nein, nicht schon wieder. Wir haben doch erst vor drei Monaten eine Wanderung gemacht. Das macht gar keinen Spaß. Wandern ist so langweilig!" Behutsam versuchen Sie die Kinder zur Einsicht zu bewegen: „Aber Kinder, draußen scheint die Sonne. Die Blumen blühen. Was gibt es Herrlicheres als in der schönen Natur zu wandern? Und Wandern ist ja so gesund!" Aber alle Einsichtsbemühungen sind zum Scheitern verurteilt. Missmutig schleppen sich die Kinder dahin. Nach 800 Metern wird nach der ersten Pause gefragt, nach 1200 Metern: „Sind wir schon da?" und nach weiteren 300 Schritten, behauptet der erste, er habe sich den Fuß verstaucht und könne keinen Schritt mehr laufen, während die zweite von riesigen Blasen am Fuß berichtet, die nur Menschen der Gattung Eltern nicht sehen können.

Was würde geschehen, wenn Sie aus derselben Wanderung eine Schatzsuche machen und den Kindern mitteilen würden, dass am Ziel dieser Wanderung ein Schatz versteckt sei? In Erwartung dieser tollen Belohnung würde das Gehirn der Kinder Dopamin ausschütten. Hochmotiviert, anstrengungsbereit, bester Stimmung und freudig erregt würden die Kinder so schnell davonrennen, dass Sie Mühe hätten, mit ihnen Schritt zu halten. Die Wegstrecke würden sie mit Leichtigkeit zurücklegen. Es ist die Vorfreude, die Kindern „Beine macht". Leider zählen Belohnungen wie Gesundheit, Klugheit, gute Noten und Aufstieg nicht unbedingt zu den Schätzen, die Kinder und Jugendliche bevorzugen. Sätze wie „Wandern ist gesund." „Lesen macht klug." „Wenn du deine Hausaufgaben machst, schreibst du gute Noten." „Wenn du dich in der Schule anstrengst,

> Es ist die Vorfreude, die Kindern „Beine macht"

kannst du es zu was bringen.", wecken höchstens Langeweile, aber keine Vorfreude.

Die Bedeutung der Vorfreude für die Erziehung zeigt sich auch in der Tatsache, dass als Ursache hyperkinetischer Störungen wie ADHS (Zappelphilipp-Syndrom) ein Mangel an Dopamin im Gehirn vermutet wird. Vielleicht sollten wir den betroffenen Kindern mehr Vorfreude und weniger Ritalin verschreiben?

Die Belohnungsfalle

Und was geschieht, wenn der Schatz gefunden und die Belohnung erfolgt ist? Unter dem Einfluss der Belohnung lässt die Anstrengungsbereitschaft schlagartig nach. Das Kind entspannt sich. Es hat ja bekommen, wofür es so hart gearbeitet hat und kann sich nun genüsslich zurücklehnen. Es ist zufrieden mit sich und der Welt. Und das ist kein Wunder. Denn die Belohnung aktiviert das Belohnungssystem des Gehirns. Wieder schüttet das Gehirn „Drogen" aus. Unter anderem Substanzen, die mit der Wirkung von Opium verglichen werden. Solange die Wirkung dieser Substanzen anhält, schwebt das Kind im siebten Himmel und ist rundum glücklich und zufrieden. Da die körpereigenen Drogen jedoch schnell wieder abgebaut werden, hält der Glückszustand nie lange an. Glück ist vergänglich. Da Kinder aber glücklich sein wollen, wird es schon bald heißen: „Wann machen wir wieder eine Schatzsuche?" Wer dem Drängen zu schnell nachgibt, macht einen Fehler. Der Belohnungseffekt nutzt sich nämlich sehr schnell ab. **Es kommt zum Gewöhnungseffekt.** Schon morgen ist die Schatzsuche nicht mehr ganz so spannend und derselbe Schatz hinterlässt nur noch ein müdes Lächeln. Wer jetzt auf die Belohnung statt auf die Vorfreude setzt, geht leicht in die Belohnungsfalle. Um Kinder auf diesem Weg glücklich zu machen und „bei der Stange zu halten", muss man sie in immer kürzeren Abständen mit immer größeren Geschenken belohnen. Ein Teufelskreis entsteht, aus dem es kein Entrinnen gibt.

Leider können wir nicht auf Belohnungen verzichten. Ob es uns gefällt oder nicht – Lebewesen zeigen ein bestimmtes Verhalten nur, wenn es sich lohnt. Ohne dass wir etwas davon bemerken, findet in uns ein ständiger Bewertungsprozess statt, bei dem überprüft wird, ob sich ein bestimmtes Verhalten lohnt oder nicht. **Wer seine Erziehungsziele erreichen möchte, muss dafür sorgen, dass das gewünschte Verhalten sich für die Kinder lohnt.** Wenn es sich nicht von alleine lohnt, müssen wir es lohnenswert machen. Wenn wir ohne Bestrafungsangst erziehen wollen, gibt es keine Alternative zu Anerkennung, Bestätigung und Belohnung.

Die Kunst besteht darin, die Belohnung richtig zu dosieren. Sie darf nicht zu früh erfolgen, da sie sonst ohne große Anstrengung zu erreichen ist. Sie darf aber auch nicht zu spät erfolgen, da sonst die Frustrationstoleranz erschöpft ist und das Kind vorzeitig aufgibt. Es geht darum, die Vorfreude möglichst lange auszudehnen und zu erhalten, anstatt zu versuchen, Kinder immer schneller mit immer größeren Geschenken glücklich zu machen. Es geht darum, Belohnungen abwechslungsreich und selten zu machen und sie so lange wie möglich hinauszuzögern. **Trainieren Sie die Geduld, nicht die Habgier.**

Vorfreude macht Kinder glücklich! Und worauf können sich Ihre Kinder freuen, wenn Sie sich auf den beschwerlichen Weg machen und lernen, sich zu

Vorfreude macht Kinder glücklich!

benehmen? Wie fördern Sie die Anstrengungsbereitschaft, Motivation, Freude, Konzentration, Aufmerksamkeit und Beharrlichkeit Ihrer Kinder, wenn sie Schweres leisten müssen?

Die „Wenn-du-aufhörst"-Falle

Eine weitere Falle besteht darin, dass man häufig dazu neigt, nicht das soziale Verhalten, sondern das Beenden des unsozialen Verhaltens zu belohnen: „Julia, wenn du aufhörst, deinen kleinen Bruder zu ärgern, darfst du heute Abend eine halbe Stunde länger fernsehen!" Was muss Julia in diesem Fall tun, um wieder in den Genuss der Belohnung zu kommen? Sie muss am nächsten Abend wieder ihren kleinen Bruder ärgern. Julia darf nur dann mit Aufmerksamkeit, Zuwendung, Anerkennung und Bestätigung belohnt werden, wenn es ihr gelingt, ihren Bruder in einem klar verabredeten Zeitraum nicht zu ärgern. **Kinder dürfen nur für soziales Verhalten belohnt werden, nicht für das Beenden unsozialen Verhaltens.**

5) Verzichten Sie auf das Wort Strafe

Jetzt fehlt nur noch eine Kleinigkeit, um die fünf Unterschiede zwischen einem bestrafenden und einem liebevoll konsequenten Erziehungsstil komplett zu machen: Verzichten Sie auf das Wort Strafe.

Jedes Wort löst ganz bestimmte Gedanken, Bilder, Phantasien, Erinnerungen, Gefühle und Empfindungen aus – unabhängig davon, wie es wirklich gemeint ist oder welche Bedeutung es im Lexikon hat. Die meisten Kinder und Jugendlichen verbinden mit dem Wort „Strafe" Angst, Ungerechtigkeit, Demütigung, Erniedrigung, Misshandlung, Machtdemonstration, Rache, Vergeltung und Gefängnis.

Das kann nicht unser Ziel sein. Kinder sollten unser Handeln mit Fairness und Gerechtigkeit in Verbindung bringen. Dazu genügen drei Worte: Konsequenz, Preis und Wiedergutmachung: „Dein verletzendes Verhalten hat folgende Konsequenz." „Dafür zahlst du einen Preis." „Das machst du wieder gut."

Kinder und Jugendliche haben ein Recht darauf, dass wir sie mit ihrem Verhalten ernst nehmen und ihnen die Verantwortung dafür geben. Sie müssen lernen, dass ihr Verhalten Konsequenzen hat. Wir dürfen sie an dieser Stelle nicht schonen. Aber wir dürfen sie auch nicht bestrafen (zum Unterschied von Strafe und Konsequenz vgl. S. 129 ff. Machen Sie auch in Ihrer Sprache einen Unterschied zum bestrafenden Erziehungsstil. **Sprechen Sie nicht von Strafe, sondern von „Konsequenz", „Preis" und „Wiedergutmachung".**

Nun können wir die wichtigsten „Zutaten" eines konsequenten, aber nichtbestrafenden Erziehungsstils **zusammenfassen**:

Wer einen liebevoll konsequenten Erziehungsstil pflegt,

– setzt rechtzeitig Grenzen (Seite 97),

– formuliert Verhaltenserwartungen eindeutig und überprüfbar (Seite 15),

– bleibt standhaft (Seite 103),

– sorgt dafür, dass jede Regelverletzung Konsequenzen hat (Seite 114),

– verzichtet auf Einsichtsforderungen (Seite 119),

– trennt zwischen Person und Verhalten (Seite 129),

– macht den ersten Schritt zur Versöhnung (Seite 138) und

– schenkt sozialem Verhalten Aufmerksamkeit und Anerkennung (Seite 141).

Überbehütet und vernachlässigt?

Bei Kindern und Jugendlichen aller Altersstufen und sozialen Schichten lassen sich vermehrt zwei gegensätzliche Erziehungsstile beobachten, die auf einer Überbetonung zweier Grundbedürfnisse beruhen: der überbehütende und der vernachlässigende Erziehungsstil. Während in manchen Familien Kinder mit Zuwendung überhäuft werden, bleiben sie in anderen Familien sich selbst überlassen. **Während die einen Kinder zuviel Liebe bekommen, bekommen die anderen zuviel Freiheit.** Immer häufiger findet sich auch eine **Kombination** dieser beiden Erziehungsstile. Eltern, die sehr viel Zeit in ihren Beruf investieren, plagt häufig das schlechte Gewissen. In der kurzen Zeit, die ihnen mit dem eigenen Kind bleibt, versuchen sie alles aufzuholen und überschütten das Kind mit Aufmerksamkeit und Zuwendung und nicht selten auch mit Geschenken. Die folgende Tabelle veranschaulicht diesen Zusammenhang:

Zuviel Liebe:	Zuviel Freiheit:
Das Kind wird vergöttert.	Das Kind wird weggeschoben.
Alles dreht sich um das Kind.	Das Kind dreht sich um sich selbst.
Zuviel Nähe.	Zuviel Distanz.
„Du bist mein Ein und Alles!"	„Ich hab jetzt keine Zeit!"
Die Eltern sind nur noch für das Kind da.	Die Eltern sind kaum für das Kind da.
Das Kind ist unter ständiger Beobachtung.	Das Kind bleibt häufig sich selbst überlassen.
„Lass mich das machen!"	„Mach doch selber!"
„Das kannst du noch nicht!"	Du bist doch alt genug!"

Gute Erziehung ist eine Frage des Gleichgewichts. Zuviel Liebe ist genauso schädlich wie zuviel Freiheit. Am Ende zahlen die Eltern einen hohen Preis für dieses Ungleichgewicht, denn der Umgang mit solchen Kindern ist nicht leicht. Während die einen es gewohnt sind, den Ton anzugeben, sich in den Mittelpunkt zu stellen und sich wie kleine Prinzen und Prinzessinnen benehmen, akzeptieren die anderen keinerlei Grenzen und machen, was sie wollen. Sie gehen buchstäblich über Tische und Bänke.

Erst das Vergnügen? Und wann die Arbeit?

Auch zwischen Arbeit (Erfolg) und Vergnügen (Spaß) kann es zu einem Ungleichgewicht kommen. Doch während vor 50 Jahren häufig das Vergnügen zu kurz kam, weil das Motto galt: „Erst die Arbeit und dann das Vergnügen", steht heute vielfach das Vergnügen im Vordergrund. Viele Kinder müssen heute zu Hause keinen Finger mehr krumm machen. Hausarbeit ist Elternsache. Man möchte sich ja nicht dem Verdacht der Kinderarbeit aussetzen. Rechte ja! Aber Pflichten? Nein danke! Einerseits erhalten Kinder eine komfortable Rundumversorgung, andererseits wird die zunehmende Anspruchshaltung und Versorgungsmentalität in der Gesellschaft beklagt. Einerseits sind Mega-Events, Funsport-Messen, Ballermann-Partys, Erlebnispädagogik und Thrill-Therapien angesagt, andererseits beklagen wir die Schattenseiten der Freizeit- und Spaßgesellschaft.

Verwöhnt und überfordert?

Manche Kinder leiden heute aber auch unter einem anderen Ungleichgewicht zwischen Spaß und Erfolg. **Einerseits leben sie wie im Schlaraffenland.** Sie werden verniedlicht, verhätschelt und verwöhnt. Jede Anstrengung wird ihnen abgenommen. Jeder Spaß erlaubt. Jedes Verlangen sofort befriedigt. Verzicht? „Wir sind doch nicht im Kloster!" Langeweile, Frustration, Enttäuschung, Unzufriedenheit, Schmerz und unangenehme Gefühle aushalten? „Aber hören Sie mal! Das sind doch noch Kinder!"

Auf der anderen Seite lastet ein ungeheurer Erfolgsdruck auf den Kindern. Je weniger festgeschrieben berufliche Werdegänge sind, je schwieriger es wird, Erfolg im Leben vorauszuplanen, desto rigider und früher setzen Leistungserwartungen und Nutzbarkeitsdenken ein; desto stärker wird die Auswahl ausschließlich nach Leistungskriterien. Die Freiräume für Kinder, die nicht ins Schema der „Schlüsselqualifikationen" passen, sind kleiner geworden. Die Eltern leistungsschwacher Kinder befinden sich selbst in einem schrecklichen Dilemma. Sie können nur zwischen Pest und Cholera wählen. Lassen sie das Kind in Ruhe, wird es abgestempelt und fühlt sich wertlos. Treiben sie es an, leidet es vielleicht jahrelang unter der Überforderung. Für diese Kinder ist das Leben kein „Zuckerschlecken".

Es gibt noch eine andere Form der Überforderung, unter der manche Kinder leiden. **Manche Kinder sind damit überfordert, all die vielen Eindrücke, die unsere schnelllebige Zeit bereit hält, zu verarbeiten.** Wer die ungeheure Fülle an Stimulationen und Reizen sieht, mit denen Kinder heute konfrontiert werden, dem stellen sich Fragen: Könnte es sein, dass es einen Zusammenhang zwischen zappen und zappeln gibt, zwischen sprunghaften Videoclips und sprunghaften Kindern, zwischen aufregenden Erlebnissen und aufgeregten Kindern, zwischen überdrehter Action und überdrehten Kindern, zwischen aufgedrehter Musik und aufgedrehten Kindern, zwischen einem Übermaß an Zerstreuungen und zerstreuten Kindern, zwischen einer Vielzahl von Ablenkungen und abgelenkten Kindern?

Liebe gegen Leistung?

Im Verhältnis der beiden Grundbedürfnisse nach Liebe und nach Erfolg, gibt es – spätestens zum Schuleintritt des Kindes, manchmal auch schon vorher – für Eltern zwei Gefahren. Da Bildung und Leistung einen so hohen Stellenwert in unserer Leistungsgesellschaft haben, kann es leicht geschehen, dass die Zeit, die wir mit Kindern verbringen, in immer geringerem Maße leistungsfreie Zeit ist. **Der Leistung wird Aufmerksamkeit geschenkt, aber das Kind wird emotional vernachlässigt.** Diese Gefahr ist umso größer, je weniger Zeit insgesamt für das Kind zur Verfügung steht. Die Hausaufgaben müssen kontrolliert werden. Und für das Diktat nächste Woche muss auch noch geübt werden. Beim Abendessen, der einzigen Zeit, wo die Familie zusammen ist, drehen sich die Gespräche immer mehr um die Schule, um Noten und um den Vergleich mit anderen. Aus Angst, das Kind könnte leistungsmäßig versagen, erfährt es Bewertung und Kritik statt Annahme: „Du musst unbedingt mehr für die Schule tun! In Mathe bist du viel zu schlecht! Hast du schon für den Mathetest gelernt? Komm mir ja nicht wieder mit einer Vier nach Hause!" Da die Eltern ihrerseits unter Leistungsdruck stehen, wird schnell mal nebenher telefoniert oder in Gedanken der nächste Tag geplant, oder die Spülmaschine ausgeräumt, anstatt dem Kind die ungeteilte Aufmerksamkeit zu schenken. Und zum Spaß und Ausgleich für den stressigen Tag wird noch ein Wissensspiel gespielt, das neue Lernspiel am PC getestet oder der Experimentierkasten ausprobiert. Und wenn am Wochenende dann Museumsbesuche, ein Waldlehrpfad und sportliche Höchstleistungen anstehen, wird selbst die Freizeit zum Leistungsstress. **Einfach Zeit miteinander verbringen, ungeplant und leistungsfrei – wer kann sich das noch leisten?**

Die andere Gefahr liegt darin, dass wir nicht zwischen Person und Verhalten trennen (vgl. Seite 129) und die

Liebe, die wir dem Kind schenken, von seinen Leistungen abhängig machen. Wenn es gute Leistungen bringt, schenken wir dem Kind Zeit, Aufmerksamkeit und Zuwendung. Aus Enttäuschung über unbefriedigende Leistungen wenden wir uns vom Kind ab. Wenn die Leistungen schlecht sind, wird auch das Kind schlecht gemacht. Wir kritisieren das Kind als Ganzes und nicht nur sein Verhalten: „Sei doch nicht so faul und desinteressiert. Wenn du dich ein bisschen mehr anstrengen würdest. Stell dich doch nicht so dumm an. Das kann doch nicht so schwer sein. Du müsstest nur wollen." Wenn das Kind sich angenommen fühlen möchte, muss es etwas bringen: Liebe gegen Leistung. Aber da kein Kind sich perfekt verhalten kann, bleibt immer etwas, das kritisiert werden kann. Weil nichts gut genug ist, ist auch das Kind nie gut genug. Wir dürfen Liebe nicht mit Leistung verknüpfen. Die Anerkennung und Wertschätzung der Person darf nicht von bestimmten Verhaltensweisen abhängig gemacht werden, sie ist leistungsunabhängig.

> Wir dürfen Liebe nicht mit Leistung verknüpfen

Geld oder Liebe?

Hier geht es um das Verhältnis von Spaß und Liebe. Häufig wird das eine auf Kosten des anderen überbetont. Liebe braucht Zeit. **Da Zeit häufig Mangelware ist, wird Kindern stattdessen Kaufhausware angeboten.** Statt mit Zuwendung werden sie mit Geschenken überhäuft. Dies ist ein Versuch, den Mangel an Beziehung mit Spaß, Konsum und Genuss auszugleichen: Fernsehen statt Gespräch, Süßigkeiten statt Nähe, Spielzeug statt Umarmung, Vergnügungspark statt Austausch, Computer statt Begegnung. Materielle Geschenke statt Zeitgeschenke, Haben statt Sein, Geld statt Liebe.

Da Kinder auf Spaß, Action und Konsum „abfahren", haben wir auch kein schlechtes Gewissen bei dieser Art von „Zuwendung". Wir haben sogar das Gefühl, Kinder glücklich zu machen, denn sie lassen sich gerne mit Vergnügen abspeisen. Gemeinsam gehen Eltern und Kinder in die Belohnungsfalle (vgl. Seite 199), und wenn die Kinder dann immer stärkere Kicks brauchen, auf den Konsumtrip kommen und im Kaufrausch sind, bekommen sie ihre Sucht auch noch vorgeworfen: „Du bist aber auch mit nichts zufrieden!" Doch wer ist hier der Dealer?

Häufig sind beim Thema „Zeit" zwei Illusionen zu beobachten. Auch wenn Eltern mit ihren Kindern in den Vergnügungspark gehen, verbringen sie Zeit mit ihnen. Aber findet in dieser Zeit auch ein intensiver Austausch statt? Auch wenn Eltern mit ihren Kindern vor dem Fernseher sitzen, verbringen sie Zeit mit ihnen. Aber finden in dieser Zeit auch persönliche Gespräche statt? **Wenn wir Kindern Liebe schenken wollen, geht es nicht nur darum, ob wir mit Kindern Zeit verbringen, sondern vor allem auch darum, *womit* wir diese Zeit verbringen.**

Eine zweite Illusion betrifft die Quantität der Beziehungszeit. Manche glauben, dass es genügt, wenn sie dem Kind einige Minuten „wertvolle Zeit" am Tag anbieten und in dieser Zeit dafür ganz zugewandt sind. Die Theorie klingt gut, doch die Realität sieht anders aus. **Eine Beziehung kann nicht auf Knopfdruck eingeschaltet werden.** Diese Erfahrung machen viele Eltern, wenn sie ihrem Kind die Frage stellen: „Und? Wie war's heute in der Schule?" Manchmal verbringt man den ganzen Tag Zeit mit Kindern (auch Beziehungszeit) und erfährt kaum etwas darüber, was sie gerade beschäftigt. Und plötzlich, völlig unerwartet, sagen sie ganz nebenbei einen Satz, der ihr Innerstes offenbart. Wenn wir wachsam sind und positiv darauf reagieren, kann es sein, dass das Kind uns dann sein Herz ausschüttet. Aber auch darauf gibt es keine Garantie.

Kinder teilen sich nicht auf Kommando mit oder genau dann, wenn wir ihnen fünf Minuten „wertvolle Zeit" anbieten. Und sie wollen auch nicht ausgefragt werden. Sie teilen sich dann mit, wenn sie sich sicher, geborgen und geschützt fühlen (Sicherheit). Sie teilen sich dann mit, wenn sie sich angenommen fühlen und wenn sie sicher sein können, dass ihre Gedanken, Gefühle und Bedürfnisse nicht abgelehnt werden (Liebe und Trennung Person/Verhalten). Sie teilen sich dann mit, wenn *sie* es wollen (Freiheit und Kontrolle). Sie teilen sich dann mit, wenn sie Lust dazu haben (Spaß). Und sie teilen sich dann mit, wenn ihr Mitteilungsbedürfnis schon früher des öfteren anerkannt und bestätigt wurde (Erfolg). Da sind sie wieder, die fünf Grundbedürfnisse. **Eine gute Beziehung braucht mehr als ein paar Minuten „wertvolle Zeit"!**

Neben der knappen Zeit gibt es noch einen anderen Grund, warum die Beziehung und das gemeinsame Gespräch häufig zu kurz kommen. Offen miteinander zu reden ist nicht so einfach. **Viele Menschen fühlen sich unsicher, wenn es darum geht, über das innere Erleben zu reden.** Über Fernsehsendungen, Stars, Politik, Autos, Mode, das Wetter, die Geschehnisse des Tages, die neuesten Gerüchte und über andere Äußerlichkeiten zu reden – kein Problem. Aber über Gefühle, innere Zustände, Phantasien, Wünsche, Bedürfnisse, Hoffnungen, Sehnsüchte, Enttäuschungen, Kränkungen, Verletzungen, Sorgen und Nöte zu reden, fällt vielen schwer. Wir fühlen uns in der äußeren Welt zu Hause, aber nicht in uns selbst. Wir kennen uns mit allem aus, nur nicht mit uns selbst. Über die innere Welt zu reden fühlt sich fremd und komisch an und ist für viele irgendwie unangenehm. Wir leben in einer Leistungsgesellschaft und sind es gewohnt, nach Lösungen zu suchen und zu handeln. Sich aufeinander einzulassen, etwas von sich preiszugeben, hat aber sehr viel mit Nichtstun zu tun, mit einfach nur da sein, mit Warten können, mit Geduld, mit innerer Präsenz, mit Zeit lassen. Anstatt dem Gespräch einfach seinen Lauf zu lassen und auch Schweigen, Ratlosigkeit und schwierige Gefühle auszuhalten, wird rasch zu Aktivitäten übergegangen oder das Thema gewechselt. Und das ist auch nicht weiter verwunderlich. Unsere Eltern haben sich mit dem offenen Gespräch über schwierige Themen vielleicht auch schwer getan. Wir haben es nicht von ihnen gelernt und deshalb lernen es unsere Kinder auch nicht von uns. Es sei denn, wir trauen uns und lernen Stück für Stück das Reden über die innere Welt. Dann können wir so auf Kinder eingehen, dass sie von uns lernen, über ihr inneres Erleben zu reden.

Wenn das Bedürfnis nach Liebe, Beziehung, Nähe, Gemeinschaft, Zeit, Zuwendung, Aufmerksamkeit, Körperkontakt, Zugehörigkeit und bedingungsloser Annahme häufig mit Konsum, Aktion und Äußerlichkeiten ausgeglichen wird, beginnen die Kinder diese beiden Bedürfnisse miteinander zu verwechseln. Das Bedürfnis nach Liebe, wird als Konsumbedürfnis gespürt. **Da durch Konsum das eigentliche Bedürfnis nach Liebe nicht gestillt wird, bleiben die Kinder „hungrig".** Ein Teufelskreis entsteht. Immer verzweifelter versuchen die Kinder das Loch, das durch den Mangel an Beziehung entsteht, mit Besitz und Aktivitäten zu stopfen. Da der Mangel dabei aber nur größer wird, wird die innere Leere so bedrohlich, dass der Konsum Suchtcharakter bekommt. Der Durst nach Liebe ist nichts, Image ist alles. Äußerlich leben diese Kinder in Fülle, innerlich sind sie verarmt. Auf der Suche nach dem neuesten Kick, dem neuesten Hit und den angesagtesten Klamotten verlieren sie sich selbst und gehen damit auch den Eltern verloren. Am Ende sind beide Seiten verzweifelt: Die Eltern, weil das Kind mit nichts zufrieden ist. Die Kinder, weil sie spüren, dass ihnen etwas fehlt, ohne genau sagen zu können, was. Häufig folgt einem Vorwurf dann die entscheidende Frage: „Du hast doch schon alles! Was willst du denn noch?" Kinder wollen Liebe. Mit Geld ist da nichts zu machen. Das einzige, was uns Liebe kostet ist Zeit. Wer in Kinder statt Aktien investiert, wird mit dauerhaften Kursgewinnen belohnt und fühlt sich am Ende reich beschenkt.

Geld regiert die Welt?

Je weniger die Beziehungen und das soziale Miteinander im Mittelpunkt stehen (Liebe), desto mehr schieben sich die Bedürfnisse nach Macht (Kontrolle) und Status (Erfolg) in den Vordergrund und bestimmen das Zusammenleben. Dann kommt es nicht mehr darauf an, ob jemand einen wertvollen Beitrag zur Gemeinschaft leistet, sondern ob sich jemand wertvolle Klamotten leisten kann. Dann geht es nicht mehr darum, wer den anderen am meisten hilft, sondern darum, wer am längsten aufbleiben und „geile" Filme anschauen darf und wer die tollsten Klamotten und das geilste Handy hat. **Wer sich Statussymbole leisten kann, wird bewundert, erhält Anerkennung und ist angesagt.** Wer angesagt ist, hat das Sagen. Geldmacht macht mächtig erfolgreich. Wer „in" sein will, muss mithalten. Wer nicht mithalten kann, gilt als Loser. Kinder, die von uns genügend liebevolle Zuwendung, Bestätigung und die bedingungslose Annahme ihrer Person erfahren, gehen mit gestärktem Rücken in diese raue Wirklichkeit und können ein gesundes Selbstwertgefühl entwickeln, unabhängig von solchen starken Einflüssen.

> Wer angesagt ist, hat das Sagen

Niemand ist perfekt!

Am Ende dieses Kapitels könnte vielleicht der Eindruck entstehen, als ginge es um den erhobenen Zeigefinger, um Elternschelte und darum, was Eltern alles falsch machen können. Manche haben bei der Fülle an Erziehungsaufgaben vielleicht das Gefühl: „Das schaff ich nie!" Andere fühlen sich vielleicht bei der einen oder anderen Schwäche ertappt und reagieren mit einem schlechten Gewissen. Wieder andere fühlen sich vielleicht angegriffen und kritisiert.

Das Ziel dieses Kapitels ist ein anderes. Es will deutlich machen, dass es keine perfekte Erziehung geben kann. Da die fünf Grundbedürfnisse äußerst widersprüchlich sind, können nicht alle Bedürfnisse der Kinder gleichzeitig gleich gut befriedigt werden. Es wird immer ein Bedürfnis geben, das zu kurz kommt. Es wird nie ein perfektes Gleichgewicht geben. **Erziehung ist ein tägliches Ringen um ein bestmögliches Gleichgewicht.** Da der Grat, auf dem wir dabei wandeln, schmal ist, wird es immer wieder ein Zuviel oder Zuwenig geben. Es geht nicht darum, ob man Fehler macht, sondern wie man mit ihnen umgeht. Die Frage ist nicht, ob man in Erziehungsfallen gerät, sondern wie schnell man wieder herauskommt. Es geht darum, sich über die fünf Grundbedürfnisse von Kindern bewusst zu werden und auf dieser Grundlage bewusste Erziehungsentscheidungen zu treffen. Und auch bei diesen Entscheidungen stoßen wir an Grenzen. Wir können nicht von heute auf morgen die Gesellschaft ändern und müssen deshalb vielleicht mit Ungleichgewichten leben, deren schädliche Auswirkungen auf die Kinder uns durchaus bewusst sind. Niemand kann perfekt sein. Aber jeder kann in kleinen Schritten an einer ausgewogenen Erziehung arbeiten. Dass man es Kindern dabei unmöglich recht machen kann zeigen folgende Beispiele:

Sicherheit	
„Du hast mir viel zuwenig Halt gegeben!"	„Bei dir war doch alles reglementiert!"

Liebe	
„Ständig hast du mich ausgefragt!"	„Nie hast du mit mir geredet!"
„Mit deiner Liebe hast du mich doch förmlich erdrückt!"	„Du warst immer so kalt und distanziert!"
„Ständig hast du hinter mir her spioniert!"	„Du hast dich doch nie um mich gekümmert!"
„Wenn ich mal für mich allein sein wollte, bist du ja gleich ausgeflippt."	„Du warst ja nie da!"

Freiheit	
„Nie durfte ich machen, was *ich* wollte!"	„Es war dir doch völlig egal, was ich gemacht habe!"

Spaß	
„Du hast überhaupt keinen Spaß verstanden!"	„Nie hast du was ernst genommen!"

Erfolg	
„Man konnte es dir sowieso nie recht machen!"	„Du hast ja eh alles gutgeheißen!"
„Du hättest mich mehr fordern müssen!"	„Ich leide heute noch darunter, dass du mich ständig überfordert hast!"

Weil wir wissen, dass wir im Dickicht gegensätzlicher Bedürfnisse immer etwas falsch machen, können wir ganz gelassen reagieren, wenn die Kinder uns Vorwürfe machen und ihnen sagen: „Ja, ich konnte nicht perfekt sein! Und du musst es auch nicht sein!"

Es wächst zusammen ...?
Die Eltern-Kind-Passung

Bis jetzt haben wir vor allem von „den" Kindern und Jugendlichen geredet. Kinder sind jedoch sehr unterschiedlich. Jedes Kind hat eine einzigartige Bedürfnisstruktur, die sich oft schon von Geburt an zeigt und über die Jahre stabil bleibt. Während das eine Kind eher ängstlich auf alles Neue reagiert und viel **Sicherheit** und Halt braucht, ist das andere von unersättlicher Neugier getrieben, sucht das Risiko und benötigt immer neue **Anregungen** (Spaß). So manches Kind zeigt schon früh einen unbändigen eigenen Willen und **Freiheitsdrang**, lässt sich nichts sagen und geht mit dem eigenen Kopf buchstäblich durch die Wand, während ein anderes ständig die Liebe, Zuwendung und **Nähe** der Eltern sucht und sich problemlos in jede soziale Gemeinschaft eingliedert. Es gibt Kinder, die schon früh und ohne dass die Eltern sie dazu ermuntern, einen enormen Ehrgeiz an den Tag legen, immer gewinnen müssen und den Wettbewerb und **Erfolg** suchen, und solche, die lieber in den Tag hinein träumen, die Anstrengung scheuen und einfach gerne mit anderen zusammen sind, anstatt gegen sie zu gewinnen.

Wer Kinder erfolgreich erziehen möchte, sollte diese unterschiedlichen Bedürfnisstrukturen erkennen, richtig einschätzen und das Erziehungsverhalten darauf abstimmen. Kindern, die viel Sicherheit brauchen, sollte man viel Halt geben. Kinder, die viele Schmuseeinheiten brauchen, sollten sie auch bekommen. Wer viele Anregungen benötigt, ist für jede Idee dankbar. Es gibt nur eine Ausnahme von diesem Prinzip: Da auch willensstarke Kinder, die sich nichts sagen lassen, nicht tun dürfen, was sie wollen, ist hier eine paradoxe Haltung gefordert. Bei diesen Kindern kommt es darauf an, die Erfolgsbedingungen eines konsequenten aber liebevollen Erziehungsstils, wie sie im Kapitel „Hart, aber herzlich" ab Seite 113 ausgeführt wurden, besonders sorgfältig und genau ein- und durchzuhalten.

Gleich und Gleich gesellt sich gern?

Dass diese Aufgabe nicht leicht ist, liegt daran, dass nicht nur jedes Kind seine eigene Bedürfnisstruktur hat, sondern auch jede Mutter und jeder Vater. Sind die Bedürfnisse ähnlich oder gleich, läuft es in der Regel glatt. Wenn ein ereignishungriger, bewegungsfreudiger und offener Vater auf einen neugierigen und abenteuerlustigen Sohn trifft, dann werden beide viel Spaß miteinander haben. Wenn derselbe Vater aber auf einen „Stubenhocker" trifft, der behauptet, Sport sei Mord, der einen geregelten Tagesablauf schätzt und gerne ausschläft, dem Neues tendenziell unheimlich ist, wird es Ärger geben. Mächtig Ärger sogar.

Die Gefahr ist groß, dass in diesem Fall der Vater das Grundprinzip der Trennung von Person und Verhalten (vgl. Seite 129) aufgibt und den Sohn aufgrund seiner Eigenart ablehnt. Weil er sich selbst mit seiner Bedürfnisstruktur, für „normal" hält, wird er seinen Sohn vielleicht als „anormal" empfinden. Da sich ein abgelehntes Kind auf Dauer mit großer Wahrscheinlichkeit wirklich anormal verhält, wird sich der Vater in seiner Wahrnehmung bestätigt fühlen. Nun kann er ein „Problemkind" präsentieren, das davon ablenkt, dass in Wirklichkeit *er* ein Problem hat. Nämlich das Kind in seiner Andersartigkeit zu akzeptieren und seine Bedürfnisse zu stillen.

Das Prinzip, dass gleiche Bedürfnisse gut zusammenpassen, gilt nicht für das Bedürfnis nach Freiheit und Kontrolle. Wenn zwei „Trotzköpfe" zusammenkommen, die sich beide nichts sagen lassen, immer das letzte Wort haben und bestimmen möchten, wird es häufig und ordentlich krachen. So stark vielleicht, dass die Schwelle zur Gewalt überschritten wird und auch hier die Trennung von Person und Verhalten verletzt wird.

Wenn Bedürfnisse nicht zusammenpassen, gibt es zwei Lösungsmöglichkeiten: Zum einen sollten sich die betroffenen Eltern Gesprächspartner suchen, mit denen sie über diese unterschiedlichen Bedürfnisse reden können. Solche Gespräche helfen dabei, mehr innere Distanz zu den Konflikten gewinnen. Und aus dieser Distanz heraus ist es dann möglich, überlegter und besonnener zu reagieren. Zum anderen sollten sich diese Eltern „Miterzieher" suchen, die auf das kritische Bedürfnis konstruktiver eingehen können. Das erlebnishungrige Kind darf sich dann eben im Fußballverein austoben, mit den Nachbarn regelmäßig auf Kanutour und mit dem Onkel klettern gehen.

Kinder als Quellen der eigenen Bedürfnisbefriedigung

Eltern sollten besonders darauf achten, dass sie nicht versuchen, die Kinder zur Befriedigung der eigenen Bedürfnisse zu missbrauchen. Kinder geben dem Leben einen **Sinn** (Sicherheit und Orientierung). Kinder **lieben** ihre Eltern. Eltern haben einen großen **Einfluss** auf ihre Kinder (Kontrolle). Kinder bringen ihren Eltern eine Menge Freude und **Spaß**. In ihren Kindern geben Eltern – über den eigenen Tod hinaus – ein Stück von sich selbst weiter. Und erfolgreiche Kinder geben Eltern eine Menge **Bestätigung**. Erfolgreiche Kinder werten das Selbstwertgefühl der Eltern auf. Kinder machen Eltern glücklich, und das ist auch völlig in Ordnung – solange diese Gaben als Geschenk betrachtet werden, auf die man keinen Anspruch hat. Gefährlich wird es erst, wenn Eltern ihre Kinder als Besitz betrachten und versuchen, sie nach ihrem Bild zu formen, statt sie in ihrem Anderssein (an-)erkennen und zu unterstützen. Wenn die Kinder sich den Bedürfnissen der Eltern anpassen müssen, um geliebt zu werden. Dies gilt besonders für die Bedürfnisse nach Liebe und Erfolg.

Manchmal wird von Kindern erwartet, dass sie einem die Liebe geben, die man selbst nie bekommen hat und man reagiert vielleicht wütend und enttäuscht, wenn dieser Wunsch nicht in Erfüllung geht. Manche Eltern benutzen ihre Kinder als Partnerersatz, binden sie eng an sich und können sie nicht loslassen und ihnen die Freiheit geben, die sie bräuchten, um erwachsen zu werden. Schon längst erwachsen, sind diese Kinder immer noch Muttersöhnchen und Vatertöchter. Wieder andere verletzen die Generationengrenze, damit die Kinder die besten Freunde und Freundinnen sein können.

> Kinder dürfen nicht zur Befriedigung der eigenen Bedürfnisse benutzt werden

Ehrgeizige, leistungs- und erfolgsorientierte Eltern sind in Gefahr, dieselben Höchstleistungen von ihren Kindern zu verlangen und übersehen dabei leicht, dass manche Kinder anders „gestrickt" sind und mit diesen Erfolgserwartungen überfordert und unglücklich werden. Statusbewusste Eltern sind in Gefahr, ihre Kinder zu Statusobjekten zu machen. Vom Ehrgeiz der Eltern getrieben, sollen sie glänzen, damit dieser Glanz auf die Eltern abstrahlt. Damit sich die Eltern als etwas Besonderes fühlen können, sollen die Kinder besonders gut aussehen, besonders toll Klavier spielen und andere überdurchschnittliche Leistungen bringen.

Das eigene Leben leben

Eine andere Art von Konflikt ergibt sich daraus, dass die Bedürfnisse der Kinder und die der Eltern manchmal nicht gleichzeitig befriedigt werden können, da sie sich wiedersprechen. **Eltern können nicht gleichzeitig ihr Bedürfnis nach Freiheit und Selbstbestimmung leben und für die Bedürfnisse der Kinder da sein.** Auch hier gilt es, einen Ausgleich und eine Balance zwischen den eigenen Bedürfnissen und denen der Kinder zu finden. Der **Liebesbeziehung** zum Partner oder zu Partnerin den Vorrang zu geben, ständig **frei** sein und sein eigenes Ding machen zu wollen, vorwiegend den eigenen **Spaß** zu suchen, auf nichts verzichten und keine Party versäumen zu wollen und dem eigenen **Erfolg** absolute Priorität einzuräumen, ist genauso schädlich, wie sich für das Kind aufzuopfern, ständig für es da zu sein, sich auf die Mutter- und Vaterrolle zu beschränken und auf die eigene Selbstverwirklichung zu verzichten. Auch Eltern haben das Recht auf ein eigenes Leben. Bei diesem schwierigen Spagat sind Eltern auch auf äußere Hilfe angewiesen. Ob sich eigene Berufstätigkeit und Kindererziehung miteinander vereinbaren lassen, hängt sehr stark von den gesellschaftlichen und staatlichen Rahmenbedingungen ab, die diese schwierige Herausforderung behindern oder fördern können.

> Auch Eltern haben das Recht auf ein eigenes Leben

Aber Papa hat's erlaubt!

Bis jetzt ging es vor allem um die Passung der Bedürfnisse zwischen Eltern und Kindern. Die meisten Kinder werden jedoch nicht nur von einer Person erzogen, sondern von Mutter und Vater und in vielen Fällen auch noch von anderen Bezugspersonen. In diesem Fall bringt jede und jeder

Erziehende seine eigene Bedürfnisstruktur mit, und dann stellt sich auch die Frage, wie gut die Bedürfnisse der Erwachsenen zusammenpassen. **Auch zwischen den Bedürfnissen der Eltern kann es zu Konflikten kommen.** Wenn einer Mutter beispielsweise Sicherheit, Orientierung und Struktur wichtig sind, wird sie versuchen den Kindern diese Werte zu vermitteln, indem sie darauf besteht, dass die Kinder pünktlich sind und sich an Abmachungen und Regeln halten. Bestimmten Umgangsformen, geregelten Mahlzeiten und regelmäßig gemachten Hausaufgaben wird sie einen hohen Stellenwert einräumen. Lebt diese Mutter mit einem Vater zusammen, dem die Freiheit über alles geht, der die Dinge nicht so eng sieht und den Kindern viel durchgehen lässt, der individualistisch veranlagt ist und die Spontaneität schätzt, wird es zum Konflikt kommen. Dabei ist die Gefahr groß, dass sich die unterschiedlichen Bedürfnisse gegenseitig verstärken. Die Mutter sieht ihr Sicherheitsbedürfnis bedroht und wird noch strenger auf die Einhaltung von Regeln achten. Der Vater sieht sein Freiheitsbedürfnis bedroht und wird den Kindern noch mehr durchgehen lassen. Beide Seiten fühlen sich unverstanden und verletzt und reagieren immer empfindlicher auf die Gegenseite. Wenn dann auch noch die Kinder versuchen, die Eltern gegeneinander auszuspielen und der Mutter triumphierend entgegenschleudern: „Aber Papa hat's erlaubt!", kann es zu heftigen Eskalationen kommen. Es wird nur dann eine Entspannung geben, wenn beide Seiten das Bedürfnis der jeweils anderen Seite anerkennen und konkrete Schritte unternehmen, etwas davon in das eigene Erziehungsverhalten zu integrieren. Dann wird der geschilderte Vater vielleicht die überraschende Erfahrung machen, dass eine feste Struktur wohltuend sein kann, und die Mutter wird vielleicht überrascht feststellen, wieviel Spaß es macht, das Leben etwas lockerer zu nehmen. Erziehung ist vor allem dann erfolgreich, wenn die an ihr beteiligten Erwachsenen an einem Strang ziehen.

Was die individuelle Bedürfnisstruktur sonst noch prägt

Die individuelle Bedürfnisstruktur eines Kindes wird von drei Faktoren beeinflusst: Vom Geschlecht, von der jeweiligen Entwicklungsphase und von der speziellen Lebenssituation, in der sich das Kind gerade befindet.

Bedürfnisse und Geschlecht

Wenn über Geschlechtsunterschiede geredet wird, ist die Gefahr von Missverständnissen groß. Es gibt nicht „die" Mädchen und „die" Jungs. **Die Verhaltensunterschiede innerhalb eines Geschlechts sind größer als die zwischen den Geschlechtern.** Meist zeigen sich diese Verhaltensunterschiede von Geburt an. Es gibt Mädchen mit „typischem" Jungenverhalten und es gibt Jungs, die in ihrem Verhalten eher Mädchen ähneln.

Das zweite Missverständnis besteht darin, dass manche glauben, das Erziehungsverhalten der Eltern mache aus Jungs Jungs und aus Mädchen Mädchen. Mit dieser Einstellung setzen sich Eltern unter enormen Druck, ja nichts falsch zu machen. Entspannen Sie sich. **Eltern müssen ihre Kinder nicht zu Jungen und Mädchen erziehen. Das sind sie schon von Geburt an.** Die Aufgabe der Eltern ist es, die Augen offen zu halten und auf die individuelle Bedürfnisstruktur der Kinder zu antworten. Unabhängig davon, ob es sich um ein Mädchen oder einen Jungen handelt. Jungen und Mädchen zeigen den Eltern genau, was sie brauchen. Wenn ein Mädchen lieber mit Jungs spielt, sollte es mit

Jungs spielen dürfen. Wenn sich ein Junge von Puppen angezogen fühlt, sollte er mit Puppen spielen dürfen. Der einzige Fehler, den Eltern an dieser Stelle machen können ist es, dem Mädchen zu verbieten, mit Jungs zu spielen und dem Jungen zu verbieten, mit Puppen zu spielen. Oder umgekehrt: das Mädchen zu zwingen, mit Mädchen zusammenzusein und den Jungen zu zwingen, mit Autos und Baggern zu spielen.

Das dritte Missverständnis entsteht, wenn nicht zwischen Gleichheit und Gleichberechtigung unterschieden wird. Kein Junge und kein Mädchen, keine Frau und kein Mann sollte alleine aufgrund seiner oder ihrer Geschlechtszugehörigkeit etwas nicht tun dürfen. **Mädchen und Jungen sind gleichberechtigt, aber nicht gleich.** Es gibt biologische Unterschiede zwischen Jungen und Mädchen, die im Zuge der Evolution entstanden sind und die sich auch in unterschiedlichem Denken, Wollen und Handeln zeigen. Viele Jungs fühlen sich beispielsweise von Spielen wie „Pokémon", „Digimon", „Yu-Gi-Oh", „Bey-Blade", „Magic und Co." angezogen. Sie lieben Actionfilme, Wettrennen und Ballerspiele. Und was haben diese Spiele gemeinsam? Den **Kampf**. Und dieser Kampf kennt nur ein Ziel: den Sieg über den Gegner. Und wie sieht es bei den Mädchen aus? Viele Mädchen „stehen" auf eine süße Maus mit dem Namen „Diddl". Und was ist das Besondere an Diddl? Diddl unterhält **Beziehungen** zu einer riesigen Diddl-Familie. Er hat eine Freundin und weitere 25 Verwandte und Bekannte, darunter auch ein Pferd. Und was sind seine wichtigsten Wünsche? „Dass sich alle auf der ganzen Welt vertragen, dass Diddlina ihn immer lieben wird, dass immer schönes Wetter ist und dass seine Käsevorräte nie zu Ende gehen." (vgl. www.diddl.de) Von Kampf keine Rede.

Nach Meinung vieler Forscher geht das konkurrenzorientierte Verhalten vieler Jungs auf unsere tierischen Vorfahren zurück: In den frühen Stadien der Menschheitsgeschichte und über Tausende von Jahren bestimmte der Kampf das Leben der Männer. Sie kämpften gegen Raubtiere und andere Feinde, um sich und ihre Familien zu schützen. Sie gingen auf die Jagd, um Nahrung zu beschaffen. Sie kämpften um ihre **Sicherheit**. Sie kämpften um die **Liebe** ihrer Partnerin, um ihre **Freiheit** oder um Macht und Einfluss über andere. Sie kämpften, weil sie **Spaß** daran hatten und das Abenteuer suchten. Und sie kämpften um **Anerkennung,** ihren Status in der Gruppe, um Ruhm und Ehre. Wer sich erfolgreich fortpflanzen wollte, musste besser sein als die Konkurrenten und sie im Kampf besiegen. Auch heute noch steht hinter jedem Kampf eines der fünf menschlichen Grundbedürfnisse. Einige Rituale aus unserer Gegenwart erinnern an den Preis, der „Siegertypen" in den frühen Zeiten der Menschheit winkte, beispielsweise wenn die Sieger beim Radrennen gleich von zwei schönen Frauen geküsst werden. Haben Sie schon einmal gesehen, wie die Siegerin eines Radrennens von zwei schönen Männern geküsst wird?

Im Wettstreit mit der Konkurrenz kann es durchaus effektiv sein, wenn man(n) einfach nur so tut, als sei man(n) der Größte und die anderen mit Imponiergehabe so beeindruckt, dass sie das Feld räumen. Lautes Klappern gehört eben nicht nur zum Handwerk, sondern zu den männlichen Erfolgsstrategien überhaupt. Dass diese Erfolgsstrategien heute nicht mehr ganz so gut ankommen, zeigen folgende Äußerungen von Mädchen auf die Frage, was sie am Verhalten der Jungs stört: „Die müssen ständig den großen Macker raushängen." „Die benehmen sich wie die Gorillas." „Mich nervt das Machogehabe." „Die plustern sich immer so auf." „Die meinen, sie wären die Kings." „Die wollen immer den Ton angeben." „Große Klappe, nichts dahinter." „Ständig müssen die mit irgendetwas prahlen." „Die spielen sich immer so in den Vordergrund." „Die tun immer so großspurig." „Die meinen, sie müssten ständig einen auf ‚cool' machen."

Die Frauen, so die Evolutionsforschung, hatten in früheren Stadien der Menschheitsentwicklung andere Sorgen. Ihnen oblag das Überleben des Nachwuchses. Alleine war diese Aufgabe nicht zu bewältigen. Frauen waren darauf angewiesen, Beziehungen zu knüpfen und aufrechtzuerhalten. Je größer das soziale Netz war, das für den Nachwuchs Mitverantwortung trug, desto größer waren dessen Überlebenschancen. Soziale Beziehungen sind auf Austausch und Kommunikation angewiesen, und um sich in einem sozialen Gefüge sicher bewegen zu können, muss man die Gefühle und Absichten des Gegenübers richtig einschätzen können. Dazu wird Einfühlungsvermögen benötigt. Deshalb sind die Frauen im Durchschnitt den Männern in Bezug auf sprachliches Geschick, Einfühlungsvermögen und soziale Kompetenz auch überlegen.

Auch heute noch hängt die soziale Stellung der Mädchen in der Hierarchie eher davon ab, ob sie sich durch soziale Geschicklichkeit beliebt machen und deshalb viele Freundinnen haben, ob sie sich in der Gruppe verbal durchsetzen und den Kurs bestimmen können und ob sie schön und attraktiv sind. In der Pubertät hängt ihre Position auch davon ab, wie viele und welche Jungs sich für sie interessieren. Als „schön" und „attraktiv" zu gelten ist auch heute noch ein Kriterium für das soziale Ansehen, das Frauen genießen – auch dies ein Erbteil der menschlichen Evolution. Deshalb ist das Thema „Schönheit" für Mädchen und Frauen wichtig. Mädchen machen sich schön, um gut angesehen zu sein, denn ihr sozialer Status hängt, stärker als bei Jungen, von ihrem Aussehen ab.

Bei Jungs hängt die Stellung in der Hierarchie häufig davon ab, ob sie sich mit Kraft und Geschicklichkeit körperlich durchsetzen können, ob sie in handlungsorientierten Bereichen wie Sport und Technik herausragen und ob sie eine Kämpfernatur zeigen und sich Respekt verschaffen können.

Natürlich gab es in beiden Geschlechtern immer schon Ausnahmen. Aber nach wie vor sieht es so aus, dass es trotz aller kampfsporterprobter, fußballspielender Mädchen und Soldatinnen und trotz aller Anpassungsprozesse und Gleichheitsbemühungen vor allem die Jungs sind, die ihre körperlichen Kräfte messen, Grenzen überschreiten, auf Eroberungszüge gehen, riskantes Verhalten zeigen und besonders abenteuerlustig sind. Es sind vor allem die Jungs, die in den Wettbewerb darüber treten, wer Spannung, Angst und Schmerz am längsten aushält: Wer hält den Finger am längsten in die Flamme? Wer tut am meisten Senf aufs Brot? (Extra-scharf natürlich!) Wer überwindet als erster seine Angst und springt vom 10-Meter-Brett? Wer geht das größte Risiko ein und klettert am höchsten? Wer besitzt die brutalsten Actionspiele? Wer hat die schrecklichsten Horrorfilme gesehen? Wer traut sich, etwas Verbotenes zu machen? Wer lässt sich von Strafen am wenigsten beeindrucken? Wer gibt die frechsten Antworten? Wer besteht die größten Mutproben?

Jahrtausendelang war es für Jungs und Männer wichtig, aus der Masse herauszuragen, sich durch auffälliges Verhalten einen Namen zu machen und sich mit aggressivem Verhalten durchzusetzen. Was über lange Zeit ein männliches Erfolgsprinzip war, ist in unserer modernen Welt nur noch bedingt tauglich. Aggressive Jungen werden heute als „verhaltensauffällig" betrachtet. Sie bekommen die Stärken von damals als Schwächen vorgeworfen („Zappelphilipp", „Macher", „Macho", „Rambo") und die Stärken von heute als Schwäche („Weichei", „Warmduscher", „Müsli"). Die Unklarheit in der Definition ihrer gesellschaftlichen Rolle verunsichert viele Jungs und Männer. Mädchen und Frauen ergeht es in dieser Hinsicht nicht besser: Auch ihre Rolle ist in unserer Zeit nicht mehr eindeutig definiert. Sie sollten nicht nur attraktiv sein, sondern auch gebildet und „tough", damit sie im Berufsleben „ihren Mann" stehen können. Idealerweise umsorgen sie dann aber gleichzeitig als liebende Mütter und Partnerinnen ihre Familien. Wollen sie erfolgreich sein und Karriere machen, müssen sie unter Umständen einige traditionell „weibliche Tugenden" ablegen, um sich wie ihre männlichen Kollegen „durchzuboxen". Dabei riskieren sie wiederum, Ablehnung und Verunsicherung zu provozieren und als „unweiblich" wahrgenommen zu werden – und zwar sowohl von Männern wie von Frauen.

Damit in der Erziehung unverkrampft und konstruktiv und kreativ mit Geschlechtszugehörigkeit umgegangen werden kann, sollte unser evolutionäres Erbe im Auge behalten werden, sollte die Unterschiedlichkeit der Geschlechter auch von dorther verstanden werden. Es geht darum, den Stärken beider Geschlechter Raum zu geben und Wege zu finden, wie sie auch unter den Bedingungen einer heutigen Gesellschaft ausgelebt werden können. Nur auf der Basis dieser Stärkung kann das Selbstbewusstsein entstehen, das notwendig ist, um sich auch mit den Schwächen auseinander zu setzen und diese Schritt für Schritt zu überwinden. Jedes Geschlecht ist auf seine Art benachteiligt und benötigt auch auf seine Art Förderung und Unterstützung. Jungs benötigen im selben Ausmaß Förderprogramme wie Mädchen. Doch

Jedes Geschlecht ist auf seine Art benachteiligt

während diese unabhängiger vom Diktat der Schönheit werden sollten und eher ihre kämpferische Seite stärken und lernen müssen, sich „hervorzutun", müssen Jungs stärker ihr Einfühlungsvermögen schulen und ihre sozialen, emotionalen und kommunikativen Kompetenzen entwickeln. Wenn die jeweilige Andersartigkeit begrüßt wird, können Geschlechtunterschiede von beiden Seiten als spannende, fruchtbare und belebende Bereicherung erlebt werden.

Bedürfnisse und Entwicklungsphasen

Die Entwicklung von Kindern vollzieht sich nicht kontinuierlich, sondern in Sprüngen. Meist durch einen biologischen Reifungsprozess ausgelöst, gehen Kinder durch unterschiedliche Entwicklungsphasen hindurch. **In jeder Entwicklungsphase dominieren bestimmte Bedürfnisse und Bedürfniskonstellationen.** Dann sind die Erziehenden herausgefordert, mit diesen zum Teil besonders heftigen Gefühlen, Wünschen, Impulsen und Verhaltensweisen umzugehen und ihr Erziehungsverhalten an die veränderte „Bedürfnislandschaft" der Kinder und Jugendlichen anzupassen. Zwei Beispiele sollen dies verdeutlichen:

Wenn ein Kind sich mit ca. 18 Monaten als unverwechselbare und eigenständige Person bewusst wahrnimmt und sich beispielsweise an die eigene Nase fasst, wenn es im Spiegel entdeckt, dass seine Nase einen roten Punkt hat, wird das Selbstbestimmungsbedürfnis für einige Monate alle anderen Bedürfnisse überschatten. Die **Trotzphase** beginnt. Das Kind versucht, sein Bedürfnis nach **Freiheit** auszuleben und seinen eigenen Kopf durchzusetzen. Dazu muss es sich manchmal gegen die Eltern stellen und den sicheren Hafen der elterlichen Wärme und Unterstützung verlassen. Dabei spürt es jedoch seine Abhängigkeit von den „Großen". Es weiß, dass es ohne sie nicht überleben kann und bekommt Angst, wenn es längere Zeit alleine ist. Gleichzeitig fühlt es sich ihrer körperlichen Überlegenheit ohnmächtig ausgeliefert. Selbst der heftigste Protest kann nicht verhindern, dass die Erwachsenen es einfach auf den Arm nehmen und wegtragen, auch wenn es noch viel lieber auf dem Spielplatz weitergespielt hätte. Das Kind ist in einem scheinbar unentwirrbaren Dickicht widerstreitender Bedürfnisse gefangen. Es möchte die Liebe der Erwachsenen nicht verlieren, sich aber auch nicht ihrem Willen beugen. Wenn dann auch noch die demütigende Erfahrung der eigenen Kleinheit und Ohnmacht hinzukommt, kann es zu heftigen Wutanfällen und Zornausbrüchen kommen. In dieser Zeit sind Eltern besonders gefordert, „hart, aber herzlich" zu reagieren und strikt zwischen Person und Verhalten zu trennen, d. h. die Wut anzunehmen, aber das unerwünschte Verhalten abzulehnen (vgl. Seite 113).

Noch komplizierter ist das Bedürfnisgeflecht in der **Pubertät**. Aufgrund all der vielen körperlichen und seelischen Veränderungsprozesse und der damit einhergehenden Erschütterungen ist das Bedürfnis nach Sicherheit und Geborgenheit riesengroß. Da jedoch gleichzeitig das Bedürfnis nach **Freiheit** und Autonomie sein Maximum erreicht, kann die **Sicherheit** und **Liebe** nicht mehr bei den Eltern geholt werden. Denn das würde ja bedeuten, dass man immer noch Kind wäre. Um nicht in Gefahr zu geraten, rückfällig zu werden, wieder einzuknicken und die so dringend benötigte Liebe, Wärme und Unterstützung doch noch von den Eltern zu holen, muss vorübergehend jede Form elterlicher Liebe kategorisch und massiv abgelehnt und zurückgewiesen werden. Allein schon mit Eltern zusammen gesehen zu werden ist da schon extrem peinlich. Notdürftig wird die Verunsicherung hinter einer coolen Maske versteckt. Gleichzeitig möchte man das Leben intensiv, kompromisslos und rauschhaft genießen. Jede Art von Konvention und Grenze wird als Fessel erlebt, die es zu sprengen gilt. In ihrem gesteigerten Bedürfnis nach Party, **Spaß** und Fun lehnen sich die Jugendlichen gegen jede **Grenze**, Pflicht und Regel auf und gehen mit den Erwachsenen, die diese Grenzen vertreten, auf Konfrontationskurs. Dies wiederum macht den Erwachsenen soviel Angst, dass die Gefahr besteht, dass sie ausgerechnet jetzt in autoritäre Erziehungsmuster zurückfallen, nur um von den Jugendlichen die trotzige Antwort zu bekommen: „Von dir lass ich mir gar nichts mehr sagen!" Die neu entdeckte Sexualität ist einerseits faszinierend, andererseits macht sie auch Angst, denn dadurch stellt sich auch die Frage nach der eigenen Attraktivität und dem Selbstwert. Um den Selbstwert zu erhöhen, ist das Bedürfnis nach **Anerkennung** und Bestätigung enorm, wird aber gleichzeitig heftig verneint und abgewehrt, da man sich die Abhängigkeit davon nicht eingestehen möchte. Weil die Selbstzweifel aber nur notdürftig in Schach gehalten werden, ist die Gefahr groß, dass jedes unbedachte Wort als Kritik und Angriff auf die eigene Person empfunden und mit einem massiven Gegenangriff beantwortet wird. Um heil durch diese Phase zu kommen, sollten Eltern das „verrückte" Verhalten der Teenager nicht persönlich nehmen und überempfindlich darauf reagieren. Es geht darum, den Bedürfniskonflikten der Jugendlichen mit großem (aber nicht offen demonstriertem) Verständnis und Einfühlungsvermögen zu begegnen, unsoziales Verhalten aber nicht zu entschuldigen. Die Verständnisfalle sollte umgangen werden (vgl. Seite 134).

Bedürfnisse und Lebenssituationen

Bedeutsame Lebensumstände können großen Einfluss auf die Bedürfniskonstellation der Kinder haben. Durch Trennungserlebnisse, den Tod geliebter Menschen oder Tiere, Unfälle, Gewalterfahrungen, Katastrophen und andere traumatische Ereignisse können die Bedürfnisse nach **Sicherheit** und **Liebe** vorübergehend jedes andere Bedürfnis in den Hintergrund drängen und unabhängig von der momentanen Entwicklungsphase oder persönlichen Struktur lebensbestimmend werden. Dass die Befriedigung dieser Bedürfnisse dann auch oberste Priorität haben sollte, liegt auf der Hand.

Nachwort

Das von uns entwickelte und im vorliegenden Buch beschriebene Modell der bedürfnisorientierten Erziehung repräsentiert den neuesten Stand der Forschung. Im Sinne einer möglichst guten Lesbarkeit haben wir jedoch bewusst auf wissenschaftliche Sprach- und Zitiergepflogenheiten verzichtet und beispielsweise einfach von Grundbedürfnissen anstelle von „Obersten Sollwerten der psychischen Aktivität" gesprochen. Nachfolgend möchten wir auf einige der wichtigsten Quellen für dieses Buch hinweisen:

Unsere wichtigste Quelle sind die Erfahrungen mit all den Kindern, Jugendlichen, Eltern, Erzieherinnen und Lehrer, mit denen wir zusammenarbeiten durften. Weitere Quellen liegen in der Forschung über die Wirksamkeitsfaktoren von Psychotherapie (Klaus Grawe), in der Selbstpsychologie und ihren motivationalen Systemen (Joseph D. Lichtenberg) und im Salutogenese-Ansatz, der nicht danach fragt, was krank, sondern was gesund macht (Aaron Antonovsky). Des weiteren in der Persönlichkeits- und Motivationsforschung, die untersucht, was uns antreibt und welche Motive, Wünsche und Werte unser Leben bestimmen (S. Epstein und Steven Reiss). In der „Positiven Psychologie", die sich mit der Frage beschäftigt, was das Leben lebenswert macht (Martin Seligmann). In der „Glücksforschung", die der Frage nachgeht, was wir brauchen, um wirklich glücklich zu sein (Kennon M. Sheldon). In der

Bindungsforschung (John Bowlby). In der Werttheorie von Shalom Schwartz. Und in der Auseinandersetzung mit der Bedürfnishierarchie von Abraham H. Maslow.

Familienleben

Rudolf Dreikurs / Loren Grey
Kinder lernen aus den Folgen
Wie man sich Schimpfen und Strafen sparen kann
Band 5902
Anhand vieler Beispiele zeigen die Autoren, dass Vertrauen in die
Fähigkeiten der eigenen Kinder oft viel wirksamer ist als elterlicher Druck
– und dies nebenbei auch noch die psychische Belastung der Eltern senkt.

Barbara Hennings / Gisela Niemöller
Ermutigen statt kritisieren
Ein Elternratgeber nach Rudolf Dreikurs
Band 5855
Im Rudolf-Dreikurs-Institut wurde der pädagogische Ermutigungsansatz
von Rudolf Dreikurs in Jahrzehnten authentisch geübt und
weiterentwickelt.

Jesper Juul
Aus Erziehung wird Beziehung
Authentische Eltern – kompetente Kinder
Band 5533
Kinder auf eine sensiblere Art sehen und ernst nehmen und störendes
Verhalten in Botschaften übersetzen: Das führt zu Autorität auf der Basis
von Achtung, Verantwortung und gegenseitigem Respekt.

Christiane Kohler-Weiß
Das perfekte Kind
Eine Streitschrift gegen den Anforderungswahn
Band 3025
Eltern wollen es richtig machen, aber was ist eigentlich richtig? Ständig
müssen Eltern entscheiden, sorgen, coachen. Doch vor allem sind es
Vertrauen und Liebe, die Kinder brauchen.

Trish Magee
Das Geheimnis glücklicher Eltern
Band 6066
Das Wichtigste ist: im Alltag auch das Positive sehen, für die Kinder da
sein, sie unterstützen und ihnen etwas zutrauen, denn Kinder übernehmen
gern selbst Verantwortung. 52 praktische Tipps mit großer Wirkung.

HERDER spektrum

Maria Montessori
Zehn Grundsätze des Erziehens
Band 5917
Diese praktische Einführung in die Montessori-Pädagogik versammelt die
zehn wichtigsten Erziehungsprinzipien, mit denen dem Wunsch nach
Selbsterziehung angemessen entsprochen werden kann.

Emmi Pikler
Friedliche Babys – zufriedene Mütter
Pädagogische Ratschläge einer Kinderärztin
Band 6074
Babys und Kleinkinder sind kompetenter als wir glauben. Wir müssen
ihnen nur vertrauen und Zeit lassen. Dann nehmen sie ihre Entwicklung
selbst in die Hand. Der Klassiker für eine unverkrampfte Erziehung.

Felicitas Römer
Ich bin keine Super-Mama!
Schluss mit dem schlechten Gewissen
Band 5886
Viele Tipps aus eigener Erfahrung: für den Umgang mit dem eigenen
Perfektionsstreben – und den Umgang mit den Supermamas, -nannys, -
grannys, die uns im Alltag begegnen.

Bertold Ulsamer / Gabriele Ulsamer
Spielregeln des Familienlebens
Ordnungen der Liebe zwischen Eltern und Kindern
Band 6044
Wie lassen sich Familien mit Kindern harmonischer organisieren? Alle
Erkenntnisse Bert Hellingers, die bislang nur nachträglich therapeutisch
genutzt wurden, werden konsequent vorbeugend angewendet.

Gerlinde Unverzagt
Kinder fragen nach dem Tod
Mit einem schwierigen Thema richtig umgehen
Band 5829
Kinder konfrontieren uns mit Tabuthemen. Sich richtig darauf einzulassen,
sich den Fragen zu stellen, Antworten zu suchen, die weiterhelfen, ohne zu
überfordern – dazu ermutigt Gerlinde Unverzagt in diesem Leitfaden.

HERDER spektrum

Renate Zimmer
Schafft die Stühle ab!
Was Kinder durch Bewegung lernen
Band 6010
Spielideen für eine »bewegte Kindheit«, die Kindern und Eltern Spaß
machen: der Klassiker der Expertin jetzt neu bearbeitet!
Kein Zaun zu hoch, keine Pfütze zu tief – Bewegung und unmittelbare
Sinneserfahrungen machen Kinder klug und selbstbewusst.

Allan Guggenbühl
Pubertät – echt ätzend
Gelassen durch die schwierigen Jahre
Band 5482
Kein Grund zur Panik. Bis Jugendliche ihre neue Rolle als Erwachsene
gefunden haben, darf es ruhig etwas drunter und drüber gehen.
Orientierung für Eltern.

Michel Delagrave
Pubertät – eine Gebrauchsanweisung
Band 5831
Hilfe, Pubertät! Eine Zeit der Selbstzweifel, der Orientierungslosigkeit und
der verwirrenden Gefühle beginnt – auch für Eltern. Anschaulich erklärt
Michel Delagrave, was in der Pubertät passiert. Und er nennt konkrete
Lösungen für Probleme. Kurz, übersichtlich, unentbehrlich!

Marie-Luise Schrimpf-Rager
Erwachsen werden
Band 5895
Pubertät ist, wenn's schwierig wird mit Eltern und Kindern. »Erwachsen
werden« heißt ein vom Lions Club entwickeltes, wissenschaftlich geprüftes
Programm, nach dem an Schulen erfolgreich mit Jugendlichen gearbeitet
wird – hier erstmals als Elternbuch.

Marianne Arlt
Pubertät ist, wenn die Eltern schwierig werden
Tagebuch einer betroffenen Mutter
Band 6076
Wenn aus Kinder Teenies werden, ist der Familienfrieden dahin. Kein
Streit wird ausgelassen. Und wenn der Sturm vorbei ist, gehen sie.
Marianne Arlt erzählt von heftigen Erfahrungen und wie man mit ihnen
zurechtkommt.

HERDER spektrum

Lernen – gewusst wie

Rainer Dürre
Legasthenie – das Trainingsprogramm für Ihr Kind
Band 4960
Ein Leitfaden, der zeigt, wie Sie ihr Kind unterstützen können. Gezielte Übungen weisen beachtliche Erfolge auf und die Schule macht wieder Spaß.

Uta Reimann-Höhn
ADS – So stärken Sie Ihr Kind
Was Eltern wissen müssen und wie sie helfen können
Band 5095
Grundlegende Informationen und praktische Ratschläge zum Aufmerksamkeits-Defizit-Syndrom. Mit gezielten Entspannungs-, Beruhigungs- und Konzentrationsübungen.

Uta Reimann-Höhn
Langsam und verträumt
ADS bei nicht-hyperaktiven Kindern
Band 5163
Dieser kompetente Ratgeber informiert Eltern, wie sie ihr Kind neben therapeutischen Maßnahmen praktisch und seelisch unterstützen können.

Christina Buchner
Schulerfolg ist machbar
Gute Leistungen in der Grundschule
Band 5355
Wie man lernt, das wird in den ersten Grundschuljahren festgelegt. Unter- und Überforderung vermeiden. Darum geht es.

Monika Rammert / Elke Wild
Hausaufgaben ohne Stress
Informationen und Tipps für Eltern
Band 5753
Die täglichen Hausaufgaben – oft Frust und ständiger Kampf. Das lässt sich ändern: Konkrete Tipps und Übungen helfen Eltern, eine gute Atmosphäre für das Lernen zu Hause zu schaffen und ihrem Kind Erfolgserlebnisse zu ermöglichen.

HERDER spektrum